时代印记

王志艳◎编著

寻找

亨利·福特

延边大学出版社

图书在版编目（CIP）数据

寻找亨利福特 / 王志艳编著 . —延吉 : 延边大学
出版社，2013.8(2020.7 重印)
ISBN 978-7-5634-5922-3

Ⅰ . ①寻… Ⅱ . ①王… Ⅲ . ①福特，
H.（1863 ~ 1947）—传记—青年读物②福特，
H.（1863 ~ 1947）—传记—少年读物 Ⅳ .
① K837.125.38-49

中国版本图书馆 CIP 数据核字 (2013) 第 210695 号

寻找亨利福特

编著：王志艳
责任编辑：孙淑芹
封面设计：映像视觉
出版发行：延边大学出版社
社址：吉林省延吉市公园路 977 号 邮编：133002
电话：0433-2732435 传真：0433-2732434
网址：http://www.ydcbs.com
印刷：唐山新苑印务有限公司
开本：690×960 1/16
印张：11 印张
字数：100 千字
版次：2013 年 8 月第 1 版
印次：2020 年 7 月第 3 次印刷
书号：ISBN 978-7-5634-5922-3
定价：29.80 元

前言

历史发展的每一个时代，都会有对后世产生巨大影响的人物，都会有推动我们前进的力量。这些曾经创造历史、影响时代的英雄，或以其深邃的思想推动了世界文明的进步，或以其叱咤风云的政治生涯影响了历史的进程，或以其在自然科学领域中的巨大成就为人类造福……

总之，他们在每个时代都留下了深深的印记，烙上了特定的记号。因为他们，历史的车轮才会不断前进；因为他们，每个时代的内容才会更加精彩。他们，已经成为历史长河的风向标，成为一个时代的闪光点，引领着我们后人走向更加深邃的精神世界和更加精彩的物质世界。

今天，当我们站在一个新的纪元回眸过去的时候，我们不能不提起他们的名字，因为是他们改变了我们的世界，改变了人类历史的发展格局。了解他们的生平、经历、思想、智慧，以及他们的人格魅力，也必然会对我们的人生产生深刻的影响。

为了能了解并铭记这些为人类历史发展做出过巨大贡献的人物，经过长时间的遴选，我们精选出一些最具影响力、最能代表时代发展与进步的人物，编成这套《时代印记》系列丛书，其宗旨是：期望通过这套青少年乐于、易于接受的传记形式的丛书，对青少年读者的成长产生潜移默化的影响，使他们能够从中吸取到有益的精神元素，立志奋进，为祖国、为人类作出自己的贡献。

本套丛书写作角度新颖，它不是简单地堆砌有关名人的材料，

前言

而是精选了他们一生当中最富有代表性的事迹与思想贡献，以点带面，折射出他们充满传奇的人生经历和各具特点的鲜明个性，从而帮助我们更加透彻地了解每一位人物的人生经历及当时的历史背景，丰富我们的生活阅历与知识。

通过阅读这套丛书，我们可以结识到许多伟大的人物。与这些伟人"交往"，也会进一步提高我们的思想品格与道德修养，并以这些伟人的典范品行来衡量自己的行为，激励自己不断去追求更加理想的目标。

此外，书中还穿插了许多与这些著名人物相关的小知识、小故事等。这些内容语言简练，趣味性强，既能活跃版面，又能开阔青少年的阅读视野，同时还可作为青少年读者学习中的课外积累和写作素材。

我们相信，阅读本套丛书后，青少年朋友们一定可以更加真切、透彻地了解这些伟大人物在每个时代所留下的深刻印记，并从中汲取丰富的人生经验，立志成才。

导　言

Introduction

　　亨利·福特（1863—1947），美国著名的机械工程师、企业家，福特汽车公司的创立者，被世人誉为"汽车大王"。在福特汽车公司如日中天之时，他实施了5美元工作日制，吸收弱势群体到公司工作，改善了贫苦工人的生活状态，从而赢得了民众和新闻界的广泛赞誉。他还是世界上第一位使用自动流水线大批量生产汽车的企业家，他的这种生产方式不但使汽车成为一种大众化的工业产品，也对现代工业的生产方式和社会文化产生了巨大的影响。

　　1999年，《财富》杂志将福特评为"20世纪商业巨人"，以表彰他和福特汽车公司对人类工业发展所作出的杰出贡献。美国学者麦克·哈特在其编著的《影响人类历史进程的100位名人排行榜》一书中，也将他作为企业家的唯一代表收录其中。

　　1863年，亨利·福特出生于一个普通的爱尔兰移民之家。他自幼就对机械充满兴趣，并动手进行了大量的实验。16岁时，他独自离家出走，来到邻近故乡的底特律，开始了独立谋生的生涯。在机器林立的车间里，福特第一次享受到了如鱼得水的感觉。他开始疯狂地研究蒸汽机和内燃机等动力机械。

　　1896年，历经多年艰辛探索的福特终于制造出了他的第一辆汽车——"一号车"。此后，他便开始了艰苦的创业之路。在此期间，福特也先后经历了两次惨痛的失败，但他始终没有丧失斗志，终于在1903年建立了以自己的姓氏命名的企业——福特汽车公司。

　　在新公司里，福特不断总结经验教训，不断推陈出新，最终于1908年推出了畅销世界的"T"型车。到1927年"T"型车停止生产为止，这种廉价的大众车型一共生产了1500万辆，为福特和他的汽车王国带来了巨大的利润。福特那朴实、勤劳、艰苦创业的精神也成为美国民众争相学习的模范。

遗憾的是，晚年的福特逐步走向专制，思想也渐渐僵化起来，并最终导致了家族内部的纷争和福特公司的衰落。但不管怎样，亨利·福特都不愧为一名伟大的工程师和企业家。

时光荏苒，福特的身影已随着历史的烟云远去了，但美国人民不会忘记他，那些驾驶着福特汽车在公路上飞驰的人不会忘记他，历史也不会忘记他……他那朴实、勤劳、不屈不挠的创业精神和对技术精益求精的态度，仍是人们学习和借鉴的榜样！

本书从福特的儿时生活开始写起，一直追溯到他创立福特汽车公司及所取得的巨大成就，再现了亨利·福特具有传奇色彩的一生，旨在让广大青少年朋友了解这位世界级的工程师和企业家不平凡的人生经历，从中汲取他那种对自己的理想执著不懈的追求精神，以及坚韧不拔、勇闯难关的坚定信念。

目录
contents

时代印记　目录

第一章　欧洲移民的后代

所有的事情都能做得更好。

——亨利·福特

（一）

15世纪末，随着商品经济的发展，欧洲人对黄金和白银等贵重金属的渴望日益强烈，但欧洲出产的金银数量十分有限，根本无法满足王室和贵族的贪婪。于是，他们便把目光投向了遥远的东方。

在欧洲人的眼里，东方遍地金银，十分富庶。威尼斯人马可·波罗（1254年至1324年曾游历中国，受到元世祖忽必烈的盛情欢迎，并在中国为官17年）在《马可·波罗游记》中的吹嘘则进一步助长了欧洲人对东方的野心。马可·波罗在他的游记说，中国遍地黄金，北京的宫墙、房间和天花板上都满涂了黄金；日本的黄金更是多得无处可用，只能用来盖房子。

"东方""黄金"，这些词语就像咒语一样，驱使着西欧人向东方前行，但当时欧洲与亚洲之间的传统商路却不像马可·波罗说得那样畅通无阻。15世纪中叶之后，随着奥斯曼土耳其帝国的兴起，传统陆上和海上"丝绸之路"的必经之地小亚细亚和巴尔干半岛地区全部被奥斯曼所控制。奥斯曼土耳其人对过往商品征收重税，极大地增加了货物的过境成本。如此一来，亚洲的香料等货物运到西欧之时，其价格比原先高出了数十倍。

在这种情况下，西欧的商人、贵族、王室迫切希望另辟一条绕过地中海东岸直达中国和印度的新航路。当时，科学技术的提高和地理知识的进步已经为大航海时代的到来做好了必要的准备。一方面，中国发明的指南针已经阿拉伯人之手传到欧洲，欧洲人的造船技术也得到了极大的发展，已经能够造出载重几百吨，甚至上千吨以上适合远航的大船了。

另一方面，古希腊地理学家托勒密提出的地圆说已经日益被人们接受。1477年，佛罗伦萨地理学家托斯堪内里（1397—1482）在绘制世界地图时，干脆把中国和日本画在欧洲的西方，并宣称从欧洲向西航行一定可以到达东方。

1492年，一位航海史上的传奇人物登上了历史舞台，他就是哥伦布（1451—1506）。哥伦布出生于意大利的热那亚，自幼就喜欢读《马可·波罗游记》。从书中，他得知中国、印度这些东方国家十分富有，简直是"黄金遍地，香料盈野"，便幻想着能够远游，亲自去领略一下东方世界的风采。

1492年8月3日，哥伦布终于在西班牙王室的支持下开始实践他的梦想了。他带着87名水手，驾驶着"圣玛利亚"号、"平特"号和"尼娜"号三艘帆船离开了西班牙的巴罗斯港，开始了他的第一次远航。他选择的是一条前人从未走过的航线——一路向西，横渡大西洋，前往富庶的东方。

经过两个多月艰苦的航行，哥伦布一行终于在10月11日夜间10点多发现前面有隐隐的火光。于是，他命令水手张满帆，全力向灯火处前行。第二天拂晓，甲板上一片欢腾，水手们终于看到了黑色的地平线。水手们都纷纷簇拥着哥伦布，兴奋地欢呼道：

"我们到亚洲了，我们到亚洲了！"

哥伦布眼含泪花，情不自禁地回应道：

"我们马上就要到黄金满地的亚洲了！"

几个小时之后，哥伦布带领水手们在一个小岛上登陆了。但小岛并不像马可·波罗吹嘘的那样"黄金遍地，香料盈野"，只是淡水和果蔬十分充足，但这些东西也救了众多在海上长期航行的船员们一命。因此，哥伦布便把这个小岛命名为"圣萨尔瓦多"，意为"救世主"。

哥伦布等人以为他们到了亚洲，其实他们抵达的是一个对欧洲人来说完全陌生的大陆——美洲。当时，人们根本不知道在欧洲与亚洲之间还存在着一个美洲，哥伦布也没有想到他会在无意之中发现一个新的大陆。

（二）

哥伦布的发现开辟了一个新时代，也强行将美洲纳入欧洲人眼中的文明世界。在哥伦布抵达美洲之前，只有印第安人安静地生活在这片辽阔的土地之上。当时，印第安人尚处于原始社会的末期，过着樵采渔猎的生活。但在随后的几百年间，印第安人平静的生活被欧洲人的坚船利炮打破了。英国人、法国人、西班牙人怀着狂热的"黄金梦"，纷纷不远万里涌到北美，建立殖民据点，大肆屠杀土著居民。

到18世纪中叶，在北美大西洋沿岸已经形成了13个英国殖民地。来自欧洲各国的居民们经过长期的融合，逐渐形成了一个新的民族——美利坚。随着民族意识的觉醒，美利坚人开始寻求民族独立之路。1774年，来自13个州的代表一起聚集在费城，召开了第一次大陆会议，试图以和平的方式摆脱英国的殖民统治。

由于英国殖民当局的极力反对，美利坚人的独立运动最终演变成为一场争取国家和民族自由的战争。经过8年多的战斗，美利坚人最终摆脱了英国的殖民统治，获得了独立的地位，建立了相对民主的资本主义国家——美国。

美国独立之后，轰轰烈烈的移民大潮依然没有结束。大批欧洲人为躲避旧大陆上的饥饿、战乱，纷纷乘船移民到象征着自由、民主的新世界——美国。爱尔兰的福特一家也在19世纪中叶加入到移民的大潮之中。

在来美国之前，约翰·福特和他的妻子在柯克郡的一家英格兰人开设的农场里当雇工，艰难地维持着一家人的生计，但1847年爆发的一场饥荒令福特一家连基本的生活都无法维持了。当年，被爱尔兰人当作主食的土豆歉收，致使饿殍遍野，继而又发生了严重的伤寒感染事件，无情的农场主遂将福特一家赶出农场。

作为一家之长，约翰·福特不得不将全家召集起来，商讨家族的未来。福特家族的成员众多，单单约翰·福特一家就有9口人：约翰·福特、妻子托马斯娜、长子威廉、次子亨利、幼子塞缪尔、长女瑞贝卡、次女简、三女南希和幼女玛丽。此外，约翰·福特还有两个已经移民到美国的兄弟塞缪尔和乔治，家人称他们为塞缪尔叔叔和乔治叔叔。

全家人聚齐之后，约翰·福特哀怨地叹了一口气，对大家说：

"孩子们，咱们今后该怎么办呢？"

长子威廉想了一会儿，站起来说道：

"与其在这里坐以待毙，倒不如去新大陆碰碰运气。塞缪尔叔叔和乔治叔叔在那里不是生活得很好吗？"

约翰·福特回答说：

"你说得有道理。等等，我来找一找他们的来信。"

说着，约翰·福特便翻箱倒柜地找出了塞缪尔和乔治的来信，再一次读给大家听。塞缪尔和乔治在信中向众人展示了美国式的民主、个人权利、广袤的原始森林和廉价的土地，那里不正是勤劳者的天堂吗？

因此在经过一番激烈的讨论后，全家人都一致决定移民美国，去那里寻找天堂。

做完决定之后，福特一家便忙活开了。当时，威廉已经21岁，是一个熟练的木工。虽然按照爱尔兰的传统，他还只能被称为一个大男孩（因为他的父亲还健在），但他事实上已经成为全家的领导者。

在威廉的安排下，全家人很快做好了移民的准备。1847年春末，威廉带着一家人，冒着料峭的春寒，登上了一艘开往美国的轮船。

轮船上拥挤不堪，到处都堆满了人和破破烂烂的行李。船舱里更是臭气熏天，蚊虫肆虐，很多人都病倒了。原本身体就比较衰弱的托马斯娜也因此染上了严重的疾病，不久就在船上痛苦地去世了。

母亲的去世，让约翰·福特和孩子们都伤心至极。兄弟几人找了一条白色的裹尸布，含着眼泪将母亲的尸体裹好，抬到甲板上。约翰·福特又找到随船的牧师，为托马斯娜念了悼词。随后，威廉兄弟将母亲的尸体抛入了风浪滔天的大海。

带着失去亲人的悲痛，福特一家在海上漂泊了几个星期，终于来到了纽约。但和其他背井离乡的爱尔兰人不同，福特一家没有在纽约停留。

（三）

当时，大部分爱尔兰人都选择留在纽约这个美国最大的城市，进入当地的工厂当工人，赚取微薄的工资，住在拥挤的贫民窟里。但福特一家在威廉的带领下，离开纽约继续西行，辗转来到了底特律的卫星城镇迪尔伯恩。

那时的迪尔伯恩还是一处未被完全开发的处女地。虽然修了铁路，还有一条一直延伸到芝加哥的密歇根大道，但大部分地区仍然被茂盛的原始森林覆盖着，狼、狗熊和鹿等动物自得其乐地栖息在森林里。好奇的印第安人有时会神秘地出现在移民者的木头房子里，好奇地摸摸房间里的各种物品，然后又像他们神秘地出现一样神秘地消失了……

在福特一家看来，塞缪尔叔叔和乔治叔叔是迪尔伯恩的传奇人物。他们只身来到这片广袤的原始之地，经过自己的努力，最终成为当地首屈一指的富豪。

他们的土地是连在一起的，十分宽广，一眼望不到边。在他们的帮助下，福特一家很快就在这里安顿下来。福特一家借了一些钱，又卖了一些家什，凑够350美元，买下了附近将近500亩的森林。

在这片原始之地上，共同的名字或姓氏是人们之间天然的纽带。迪尔伯恩有很多名叫威廉的小伙子，其中就有他的堂兄——塞缪尔叔叔的儿子威廉·福特。为了区分，人们将塞缪尔家的威廉称为"北方的威廉"，将刚刚抵达的威廉称为"南方的威廉"。

开垦原始森林的劳动不但枯燥，还十分繁重，约翰·福特不得不让儿女们跟着自己一起受苦。作为家中的长子，威廉自动承担起了家庭的责任。他用自己熟悉木工的优势，和父亲一起披星戴月地在森林里劳动，清理土地，耕种庄稼。在农闲时，他还到附近的工地上去打工。当时，密歇根中央铁路正在紧锣密鼓地铺设着，威廉在工地上当木工，赚到的钱全部用来偿还家里欠下的债务。

在一家人的齐心努力下，福特一家的生活渐渐有了起色。此时，约翰的次子亨利萌生了一个大胆的想法——到加利福尼亚淘金。

当时，加利福尼亚的淘金热几乎感染了每一个年轻的移民。哥伦布当初不正是在寻找黄金的过程中偶然发现美洲的吗？如今，这片大地上真的发现了黄金，年轻人怎么能不动心呢？何况，也真的有许多人在加利福尼亚发了大财，成为百万富翁。

不久，亨利就离开迪尔伯恩，到加利福尼亚淘金去了。此后，亨利还经常写信回来，告诉家人他在加利福尼亚的生活情况。他在信中说：

"我喜欢加利福尼亚的气候，这里冬天没有寒雪，夏日凉风习习，简直就是人间的天堂啊！"

威廉也被弟弟在信中的描绘弄得心猿意马，准备到加利福尼亚去。但是，他知道自己身为长子应当承担的责任。最终，责任心让威廉选择留在迪尔伯恩，继续帮助父亲经营农场。

威廉是一个家庭责任感很强的青年，他在父亲的农场里默默劳动了将近10年的时间，直到福特一家在迪尔伯恩这块肥沃的土地上站稳脚跟之后，他才开始考虑自己的事情。

19世纪50年代后期，威廉计划攒钱购买一块属于自己的土地，成家立业。为了攒钱，威廉经常为邻居奥赫先生做一些杂活。

（四）

奥赫先生是迪尔伯恩的富人，他与第一批抵达美国的福特家族成员塞缪尔叔叔和乔治叔叔差不多同一时间来到迪尔伯恩。奥赫先生原本是驻守在加拿大的英格兰军队的军人，后来逃离了生活枯燥的部队，从魁北克乘船辗转抵达迪尔伯恩，开始在这里创业。

单就家庭财富而言，奥赫先生和他的妻子玛格丽特相当富有。当时，他们的财产已经超过了1000美元，这在当时可以说一个天文数字。但非常遗憾的是，奥赫一家一直都没有自己的孩子。

后来，一个来自比利时的移民威廉·李特高特在修建房屋时不慎坠地而亡，留下了4个年幼的孤儿。奥赫先生便和妻子商议，收养了年仅

3岁的玛丽，并将其视为己出，用心抚养。当威廉为奥赫先生打工时，玛丽已经出落成一位迷人的少女了。她有着棕色的秀发和黑色的眼睛，仪态端庄，性格开朗。威廉很快就被她迷住了。

1861年，玛丽从苏格兰殖民地学校毕业。威廉等这一天已经等很久了，他立即向玛丽求婚。年轻的玛丽也很喜欢成熟、英俊的威廉，立即答应了他的求婚。不久，两位年轻人便在奥赫先生的居所里举行了婚礼。

这场婚姻对威廉的人生十分重要，它不但给威廉带来了一个温柔贤惠的妻子，还让他以极低的价格买下了大约500亩肥沃的土地——奥赫先生将农场中最肥沃的土地低价转让给威廉，但要求他终生不得与玛丽离婚。威廉答应了岳父的要求，并且毫无悬念地做到了这一点。从某种意义上说，这是契约精神的体现，但亲情在背后所起的作用似乎更大一些。

19世纪60年代，美国北部的资本主义商品经济已经有了很大的发展，迪尔伯恩也发生了翻天覆地的变化，这所小城逐步由一个农业中心变成了工业城市，冶金厂、制粉厂、毛纺厂等现代工业快速建立起来。不过，美国南部依然盛行蓄奴，依靠压榨黑人奴隶，勉强维持着日薄西山的种植园经济。黑奴的地位极为低下，几乎等同于奴隶主圈养的牲畜。

如此一来，资本主义商品经济发展所需要的廉价劳动力和商品市场都受到了极大的限制，两种经济体制的冲突最后终于演变成为一场轰轰烈烈的内战。1861年4月，被历史学家称为南北战争的美国内战拉开了帷幕。

战争的到来改变了大部分人的生活轨迹。威廉的堂兄和表兄大都参加了北方军队，直接参与了战争。威廉对战争丝毫不感兴趣，他依然像过去一样努力劳作，积累财产，扩大农场。不久，他就建起了属于自己的两层小楼。小楼共有7个房间，一楼是客厅、客房、起居室和厨房，二楼全部是卧室，地板和墙壁都漆成了玛丽喜欢的白色。

　　威廉和玛丽的生活渐渐好了起来，成为当地首屈一指的富人。美中不足的是，他们的第一个孩子出生后不久便夭折了，威廉夫妇伤心不已，几乎丧失了生活下去的勇气。但幸运的是，玛丽在不久之后又怀孕了。

　　1863年7月30日凌晨，玛丽突然感到一阵剧烈的腹痛。她幸福地对威廉说：

　　"亲爱的，我们的孩子要出生了，快点去请助产士来吧！"

　　"我马上就去，"威廉一边答应着，一边套起马车去请助产士格安妮·荷穆茨。

　　太阳初升之时，威廉家小楼正中的那间大卧室中传来一阵婴儿嘹亮的啼哭声。助产士格安妮·荷穆茨轻轻将孩子包好，冲着满脸兴奋的威廉喊道：

　　"嘿，这是个男孩！瞧，他多可爱呀！祝贺你威廉！"

　　孩子的祖父母、外祖父母和邻居们也早已闻讯赶来，纷纷向威廉表示祝贺。威廉幸福极了，笑眯眯地看着这个可爱的小家伙，竟然忘记向客人们道谢。突然，一个邻居问道：

　　"威廉，想好用谁的名字给孩子命名了吗？"

　　威廉挠了挠头，回答说：

　　"叫什么呢？就叫亨利吧！亨利·福特！和我弟弟亨利用同一个名字吧！他是我们家最聪明的男人，希望小家伙长大后也能像他叔叔一样，成为一个大人物！"

　　人们听后，都纷纷称赞道：

　　"好极了！多么响亮的名字啊！"

　　威廉的弟弟亨利此时已经定居加利福尼亚，尽管他没能在淘金热中发大财，但也算得上是福特家中见过世面的大人物。不过，与襁褓中的亨利相比，定居加利福尼亚的亨利实在算不得什么大人物。因为，这个在襁褓中的亨利就是日后的汽车大王——亨利·福特。

在爱迪生电力公司工作时，福特不放过任何一个研究发动机的机会。有一天下班时，工友们围着他，七嘴八舌地"提醒"他忘了带东西回家。亨利拍着脑袋在车间里转了好几圈也没想出来自己忘了什么。这时，一个工人大声喊道："嘿，亨利，你忘了把一台发动机装在口袋里带回家了！"在众人的哄笑声中，福特也尴尬地笑了起来。

第二章　学校中的机械迷

无论你认为自己对，还是不对，你都要绝对有信心。

——亨利·福特

（一）

　　福特出生之后，威廉夫妇又陆续生下5个孩子。作为长子，福特从父母那里得到了得天独厚的关怀。

　　在父母的苦心经营之下，家里的农场也一天天地扩大。到1865年4月南北战争结束之时，威廉名下的土地已达近千亩。

　　南北战争解放了黑人奴隶，确保了美国的统一，为资本主义商品经济的发展提供了大量的廉价劳动力和广阔的市场。与此同时，来自欧洲各国的移民也将第一次技术革命和正在进行的第二次技术革命的成果带到了新大陆，将其应用到各行各业之中。从此，美国的工业便走上了快车道，迅速追赶英、法等老牌资本主义国家。

　　在资本主义商品经济快速发展的同时，福特也在父母的精心照顾之下一天天长大。1869年1月11日，5岁的福特被送到苏格兰殖民地学校读书。福特虽然非常聪明，但十分好动，根本提不起对学习的兴趣。

　　在所有的课程中，福特最喜欢的是数学课，其次是朗读课。至于其余的课程，他简直一点儿兴趣都没有，最讨厌的就是拼写课。每次上拼写课的时候，福特总是一副心不在焉的样子，结果他的拼写课成绩非常差，几乎是全班出错最多的学生。

福特的同桌埃德塞·鲁迪曼是全班成绩最优秀的学生，但也非常调皮，他们两人常常串通起来搞一些恶作剧。有一次，福特和埃德塞在校园的草地上抓了一只毛毛虫。福特说：

"嘿，埃德塞，让我们玩一些刺激的吧！"

埃德塞马上附和道：

"怎么玩？"

福特回答说：

"坐在我们前面的弗朗西斯科胆小，像女孩子一样。我们帮帮他，锻炼一下他的胆量吧！"

说着，福特瞅了瞅手中的毛毛虫，狡黠地一笑。埃德塞马上明白了福特的意图，眉飞色舞地说：

"好极了！福特，这真是一个好主意！"

上课的时候，福特和埃德塞悄悄将毛毛虫塞进弗朗西斯科的衬衣里。弗朗西斯科感觉背上有东西爬来爬去，伸手一摸，居然捏出一只毛毛虫。他愣了几秒，随即用力将毛毛虫甩出去，吓得哇哇大哭起来。福特和埃德塞则在一旁手舞足蹈地大笑起来。

老师走过来，一边安慰弗朗西斯科，一边问道：

"亲爱的弗朗西斯科，怎么了？"

弗朗西斯科抹了抹眼泪，愤恨地看着福特和埃德塞，委屈地回答：

"他们把毛毛虫塞进我的衬衣里。"

老师看了看福特和埃德塞，厉声问道：

"亨利，埃德塞，看看吧，你们这两个坏小子都干了什么啊！"

福特马上站起来回答说：

"我们只不过想帮帮他，锻炼锻炼弗朗西斯科的胆量而已。"

老师无可奈何地摇了摇头，冷冷地说：

"两位先生，非常抱歉！不管你们是出于什么目的，在课堂上捣乱就要受到惩罚。我想，你们自己知道接下来应该怎么做了？"

福特和埃德塞互相望了望，眼睛里流露出不屑的神情，默默地走向教室的角落。他们两人早已习惯老师的这种惩罚方式，每次犯错，老师都会让他们在角落里罚站。

福特和埃德塞对这种惩罚方式颇不以为然。多年之后，当福特名扬天下之时，他和埃德塞回忆起当年的经历时说：

"嘿，埃德塞，你不觉得被罚站也有好处吗？特别是在冬天。因为罚站的位置是教室黑板的旁边，那里紧挨着教室唯一的火炉，非常暖和。好多次，我都要打盹了。"

埃德塞哈哈大笑道：

"正是，正是！我想，我们俩是班上最幸运的学生了。"

（二）

福特非但不喜欢学习，对琐碎的农业劳动也没什么兴趣。威廉是个典型的爱尔兰人，对土地情有独钟。他坚信，耕种土地是上帝授予农民的神圣职责，乡村是培养绅士最好的场所，而城市则是万恶之源。因此，从福特出生的那一刻起，威廉就想把他培养成一个像自己一样出色的农场主。

遗憾的是，威廉的教育方式简单又粗暴。他总是用体罚的方式，强迫福特从事农业劳动。正所谓"有心栽花花不发，无心插柳柳成荫"，福特渐渐对除草、挤牛奶、剪羊毛之类的农业劳动产生了厌恶之情，倒是对农场上的各种农具和机械产生了浓厚的兴趣。一有机会，福特就会躲在角落里，把各种农具和机械拆开，然后再按照原样装回去。

有一次，福特又躲在仓库里拆卸农具。他如此专心，连阿道夫悄悄凑近都没有发现。阿道夫是父亲雇佣的农场工人，为人随和，十分喜欢聪明的福特。看着福特专注地在拆装农具，阿道夫不禁赞叹道：

"真是一个天生的能工巧匠！"

福特从专注中回过神来，尴尬地看着阿道夫，恳求道：

"阿道夫先生，你能帮我保密吗？我不希望爸爸知道这件事情。你知道，如果知道我私自拆装农具，他一定会十分气愤的！"

阿道夫友好地摊开双手，眯着眼睛说：

"亲爱的小亨利，放心吧。这是我们两个人的秘密。"

福特起身拉住阿道夫的大手，感激地说：

"谢谢你，阿道夫先生。"

就这样，这对忘年交坐在仓库的角落里，有一搭没一搭地聊起来。突然，阿道夫的怀表露了出来，福特立即被这个小巧的精密仪器吸引住了。他一把抓过阿道夫的怀表，放在耳边听表针走动时发出的"滴答"声，然后疑惑地问：

"阿道夫先生，为什么怀表能够精确地计量时间呢？"

阿道夫挠了挠头，说：

"我的大科学家，你的问题把我难倒了！我想，你应该自己动手去寻找答案。何不把这块怀表拆开，看看它是如何走动的呢？"

福特瞪大了眼睛，惶恐地望着阿道夫的眼睛，追问道：

"我真的可以打开吗？"

阿道夫用力点了点头，微笑着说：

"是的，孩子。"

就这样，在阿道夫的鼓励下，福特第一次用一根细小的螺丝刀撬开了表的后盖。看着怀表里的小齿轮飞快地转动着，福特自信地说：

"我想，我找到了未来的职业。或许，我能成为一个不错的钟表匠。"

阿道夫附和道：

"不错，孩子！我也是这样认为的。"

从此，福特的兴趣便从粗笨的农具和机械转到了诸如怀表、音乐盒之类的精密仪器上。有一次，福特偷偷拆开了妹妹玛格丽特的八音盒。当玛格丽特看到自己喜欢的八音盒被福特拆得七零八落时，"哇"的一声哭了起来。

威廉听到女儿的哭声，急忙跑过来察看。玛格丽特委屈地说：

"爸爸，你送给我的八音盒被福特拆坏了。"

威廉生气地冲福特吼道：

"亨利，你都干了些什么！"

福特不好意思地说：

"我只是想看看它为什么能发出动听的音乐。"

威廉耸了耸肩，无可奈何地说：

"那么，现在你知道了吗？"

福特回答说：

"还没有完全弄明白。不过，我已经看出了一些端倪。"

威廉又说道：

"那么，你能把它再装上吗？"

福特肯定地回答说：

"这没问题。"

说着，福特便把拆得七零八落的零件重新组装起来。仅仅过了几分钟，他便把八音盒装好，递到玛格丽特手中。

玛格丽特抹了抹眼泪，打开八音盒，悦耳的音乐随之响了起来。她立即破涕为笑，仰头对威廉说：

"爸爸，你听，跟原来的一模一样。"

威廉叹了口气，轻声道：

"感谢上帝！玛格丽特，你和哥哥们要保管好自己的东西，别再让亨利特给拆了！"

（三）

或许是对福特的期望太高了，威廉对他很严厉，也不喜欢他摆弄那些纯科学实验。一天晚上，当孩子们都睡着之后，威廉对妻子玛丽说：

"我们的福特是个机械天才，但我不知道他摆弄的这些纯科学实验对一个农民有什么用处。我想我得告诉他，我不反对他摆弄机械，但他的实验最好对农场能有点用处。"

与丈夫不同的是，玛丽并不打算干涉孩子们将来的职业选择。她对丈夫说：

"对男孩子来说，有点儿好奇心并不是什么坏事。我想，我们不应该干涉他的爱好和未来的职业选择。"

威廉回答说：

"可是作为长子，他无论如何都要承担起对家庭的责任。"

接着，威廉又向妻子诉说自己当初是如何帮助父亲还清贷款经营农场的。玛丽安慰丈夫说：

"现在已经不同往日了。你看，工业发展得如此之快，当一名工匠也是不错的选择。如果福特不愿意继承农场，我们还有其他儿子呢！"

就这样，在母亲的支持下，福特有了一间属于自己的小实验室和一个小小的工具箱。工具箱里面放着福特的"宝贝"：一块父亲送给他的怀表，用母亲的毛衣针制成的螺丝刀，用母亲的胸针弯成的镊子、锯子和钻孔机，等等。有了这些"宝贝"，福特研究机械的兴趣更浓了。每天吃过晚饭，福特就会忙不迭地钻进实验室，去修理那些从邻居家搜集来的各种废旧钟表。有时候，他的实验还十分危险。

有一次，福特正在客厅玩耍，突然听到厨房发出"噗噗"的声音。他跑过去一看，原来是瓦壶里的水烧开了，蒸汽冲出壶口发出的声音。他大喊道：

"爸爸，水开了。"

威廉匆匆走过来，熄灭了炉火。福特站在一旁认真地看着，突然问道：

"如果水开了之后，把壶口堵住会发生什么情况呢？"

威廉不知道福特怎么会有如此怪异的念头，心不在焉地反问了一句：

"你说呢？"

没有从父亲那里得到答案，福特决定自己验证将壶口堵住之后会发生什么情况。有一次，福特看到学校教室的炉子上也烧了一壶水。水烧开之后，水蒸气"噗噗"地从壶口往外冒。福特突然奇想，悄声对好友埃德塞说：

"我们来做一次实验吧！"

埃德塞问：

"什么实验？"

福特说：

"我们把壶口堵住，看看会发生事情？"

埃德塞马上附和道：

"好主意！我去找一些棉花来。"

几分钟后，埃德塞将一团棉花交到了福特的手上。福特拉着埃德塞一起围住火炉，然后用棉花塞住了壶口。随后，福特便和埃德塞守在火炉旁，想看看会发生什么事情。火炉里的火在熊熊地燃烧着，瓦壶里的水在"咕嘟咕嘟"地响着。

突然，"嘭"一声巨响，瓦壶爆炸了。瓦壶的碎片和热水飞散出去，击碎了教室的玻璃。有一块瓦片还击中了福特的脸部，割出一道长长的伤口。埃德塞幸运地躲过了一劫。当老师和同学们闻声赶到时，只见福特用手捂住脸上的伤口，喃喃地对埃德塞说：

"原来会爆炸，原来会爆炸！"

福特的伤并不严重，但脸上却留下了一道永久的疤痕。威廉得知此事之后，十分气愤，在给教室重新装上玻璃后狠狠地将儿子训斥了一顿。从此，福特便得到了一个绰号——疯狂的亨利。

（四）

1875年春，威廉一家遭遇了一场意想不到的灾难。当时，玛丽十月怀胎，即将临产。12岁的福特非常懂事，总是帮助母亲做一些力所能及的家务。威廉也承担了农场上全部的活计，让妻子安心养胎。但不幸的是，玛丽在生产后的第12天便悄然去世了。

母亲的突然离世对福特的打击非常大。和大部分荷兰人一样，玛丽讲卫生几乎到了苛刻的程度。此外，她身上的优点还有很多，诸如讲究秩序、有很强的忍耐力等。福特继承了母亲的大部分优点。成名之后，福特曾对身边的朋友说：

"我从母亲那儿学到了现代社会中的生存方法。她教会我，家庭幸福是一个人幸福的开始……她给我勇气，教我忍耐和自律，这是克敌制胜的法宝。她还教导我不要对那些永远无法得到的东西寄予厚望。当我受委屈时，母亲常说，生活会给你带来许多烦恼，你时刻会面临艰难、失败和痛苦，但你必须好好干。你可以有同情心，但切不要同情自己。"

母亲去世之后，福特的性格变化很大。在那些日子里，他寡言少语，经常一个人躲在角落里黯然神伤。每当夜晚降临之时，福特便会推开窗户，望着茫茫夜空，喃喃自语道：

"这个家从此就成了一块没有发条的表了！"

母亲的去世还让福特与父亲之间的关系变得越发紧张起来。他一直都认为，父亲对母亲的去世负有不可推卸的责任，因为威廉在玛丽将要临盆时没有去请助产士格安妮·荷穆茨。此前，家里的6个孩子都是由格安妮接生的，她对玛丽的情况非常熟悉。但这次威廉却自作聪明地请来了一位医生。结果，那名医生手忙脚乱地忙活了半天也没能挽救新生儿的性命。

为此，伤心欲绝的玛丽才病倒了，产后一直高烧不退，仅仅12天后就离开了人世。在这件事上，福特一生都没有原谅父亲。

为了缓解心中的伤痛，福特白天拼命干活，晚上则把自己关在实验室里修理从邻居家里搜集来的废旧钟表。他常常忙到深夜，直到凌晨才上床睡觉。威廉发现儿子的状况不大正常，便千方百计地转移福特的注意力。但无论他怎样努力，都无济于事。

1876年7月，玛丽已经去世一年多了，福特依然没有从痛苦中走出来。有一天，威廉要到底特律售卖农产品，顺便采购一些日常用品。为了缓和父子关系，威廉第一次让福特跟自己一起驾驶马车，到底特律去见见世面。

一路上，福特都坐在马车上沉默不语。不善言辞的威廉也不知如何才能打破这种令人难堪的沉默，只有车轮发出单调的"吱呀"声和马蹄的"嗒嗒"声不厌其烦地响着。突然，一阵急促的"哐哐"声从远处传来，那匹拉车的老马变得不安起来，刨着蹄子，发出一串刺耳的嘶鸣。

威廉勒住马，让马车停下来。几秒钟之后，一台蒸汽机车拖着一车厢白石灰出现在公路上。威廉知道这种奇怪的车辆一定能引起儿子的兴趣，便指着那辆无轨蒸汽机车大声说：

"亨利，快看！"

福特顺着父亲手指的方向看去，尖叫道：

"天呐，蒸汽机居然开到公路上来了！这简直太神奇了！"

当时，蒸汽机是工业领域广泛使用的动力机械，威廉的农场上便有几台用于驱动大型农业机械的蒸汽机。由于体积笨重、效率低下，蒸汽机在交通领域中大多被用作火车和轮船等大型交通工具的动力源。19世纪中期，法军工程师康纽上尉第一次尝试着将蒸汽机应用到无轨蒸汽车上。他想制造一种可以自行移动的炮车，但效果并不理想。

后来，英国人亨库克将康纽上尉的无轨蒸汽车改装成了公共汽车。这种新型交通工具虽然十分笨重，但由于没有固定轨道的限制，在社会上引起了广泛的关注。

亨库克的蒸汽车模型很快就传入美国。一名名叫尼可斯·薛帕德的商人立即发现了其中的商机。他以亨库克的蒸汽车为原型，设计开发了新型无轨蒸汽车。

福特被眼前的景象惊呆了。他立即跳下马车，向缓缓停下的汽车奔去。汽车的主人停下车，摘掉帽子，抱歉地对威廉说：

"先生，非常抱歉，我的机器惊扰了你的马。"

没等父亲回答，福特便抢先道：

"先生，没有关系。您能回答我几个关于这台机器的问题吗？"

那名司机微笑着说：

"非常乐意效劳，小伙子！"

福特一边仔细观察机器的结构，特别是传动装置的链接，一边问：

"这台机器的转速能达到多少？"

司机回答说：

"大约每分钟200圈。"

"真了不起啊！"福特不由自主地赞叹道。

随后，热心的司机又回答了福特提出的12个问题。在父亲的再三催促下，福特才恋恋不舍地告别司机，目送着这台会走的机器渐渐消失在远方。

自从见到这台会走的机器后，福特便注定要成为"汽车大王"了。多年之后，他曾感慨地说：

"也许就是在那一刻，我一生的命运都决定了。那台神奇的蒸汽机的出现也许真是上帝安排！"

第三章　初闯底特律

思考是世上最艰苦的工作，所以很少有人愿意从事它。

——亨利·福特

（一）

自从见到那台可以自己移动的蒸汽机之后，福特便被它迷住了。从那时起，福特越来越不愿意读书，与家人交流也越来越少，而是将大部分精力都花在当他的"万能工匠"上。除了上课和被迫干一些农活之外，福特不停地拆钟修表，不知疲倦地摆弄各种各样的机械。而最让他着迷的，还是那些能够驱动蒸汽机运行的传动装置。

威廉非常担忧福特的状况，多次尝试把他改造成出色的农场主，但始终没有成功。出于对死去妻子的怀念，威廉决定采纳玛丽的意见，不再干涉福特的职业选择。就这样，福特第一次有了充足的时间来实践他脑袋里各种奇奇怪怪的想法。

在几个弟弟妹妹中，福特和妹妹玛格丽特的关系相对要好一些，偶尔他会跟玛格丽特说说自己的心事。但在家的时候，他更喜欢独自一人陶醉在自己的世界里。福特在学校里的表现也不容乐观，除了埃德塞·鲁迪曼之外，他几乎没有朋友。总之，自从母亲玛丽去世之后，"疯狂的亨利"变得不再那么疯狂了，反而越来越沉默寡言了。平日里，他总是一副心事重重的样子。

有一天放学，福特和埃德塞一前一后地往家里走去。当走到河边的小树林时，福特突然停了下来，然后转身对埃德塞说：

"我知道我父亲的想法，他也许对我很失望，但是他应该知道，我绝不是自暴自弃的那种人。"

埃德塞不知道该如何安慰自己的朋友，只能说：

"亨利，我知道你绝不是那样的人！"

福特把脚下的一块石子一下子踢进河中，喃喃地说：

"我总觉得自己是在等待着什么。"

"那么，你在等待什么呢？"

"我也说不清楚。我想，我应该离开迪尔伯恩，到底特律去碰碰运气。"福特说。

埃德塞惊讶地说：

"嘿，亨利，我们还要上学呢！"

福特冲埃德塞笑了笑，默然抬起脚，继续向家中走去。埃德塞跟在福特的身后，不禁摇了摇头。他虽然十分喜欢古灵精怪的福特，但却越来越无法理解他的想法了。

福特确实在等待着什么，但他到底在等什么呢？或许，他在等待一次表现自我的机会；或许，他在等待一种新的生活方式。总之，他不愿意在迪尔伯恩默默无闻而又痛苦地生活下去。

1879年12月的一个早晨，福特和妹妹玛格丽特、弟弟约翰一起向学校走去。当他们走到一个路口时，福特突然停下来对弟弟妹妹说：

"你们先去学校吧，我想先静一静。"

玛格丽特知道哥哥的心情不好，便答应了。分手之时，她嘱咐道：

"你一定要去学校啊！"

福特轻声应道：

"我知道了。"

福特虽然嘴上答应着，但玛格丽特和约翰离开之后，他就改变了方向，走上了通往底特律城的密歇根大道。途中，福特搭上一辆马车，来到了底特律。

底特律地理位置优越，气候温和，土地肥沃，非常适合人类居住。欧洲殖民者到来之前，印第安人已经在此繁衍生息了数千年。17世纪，一批殖民者来到这里，其中一个名叫安东尼·凯迪拉克的法国人发现这里地理位置优越，便向法王路易十四递交奏章，恳请他在底特律建设要塞，以便控制伊利湖到圣克莱尔湖之间的狭长水道，与北美另一个殖民大国——英国展开竞争。

狂妄自大、掠夺成性的路易十四立即指示海军大臣庞查特兰支持凯迪拉克的行动。1701年的夏天，凯迪拉克率领一支由士兵、皮毛商和印第安人组成的探险队沿着底特律河溯流而上，到达了今天底特律城的位置。

随后，凯迪拉克率部在那里建起了军事要塞，作为法国的殖民据点。为了纪念时任法国海军大臣庞查特兰在这一行动中的功绩，凯迪拉克遂以他的名字"底特律"来命名要塞。

要塞建成后，大批的法国移民陆续来到这里，建起了五大湖地区最早、最大的移民区。到19世纪70年代，底特律城已经成为美国最重要的城市之一。城市已经初具规模，居民超过8万人，工业产品的总量也排在美国各大城市的前列。

（二）

福特抵达底特律时已经是中午了。当时，底特律发展的很快，福特曾多次随同父亲到底特律售卖农产品和采购日常用品，虽然每次都来去匆匆，却总有一种日见日新的感觉。

福特漫无目的地在大街上走着，不时望望街道两旁高大的建筑和琳琅满目的玻璃橱窗。突然，福特被一家钟表店的橱窗吸引住了。一名钟表匠正趴在桌子上小心翼翼地修理钟表。福特凑上前去，趴在橱窗上，出神地看着他的每一个动作。

福特这一看就是一个下午，直到太阳快要下山之时，他才意识到自己无处可去，只能原路返回。而此时，玛格丽特和约翰已经将福特没去学校的消息告诉了父亲。威廉大发雷霆，怒骂道：

"这小子到底要干什么啊！"

晚饭时分，福特才回到家中。晚饭过后，威廉强忍着怒气，低声问福特：

"你去哪里了？"

福特默不作声地站起来，头也不回地向楼上的卧室走去。威廉望着儿子的背影，想发火，但又担心进一步激化父子间的矛盾，不得不强忍下来。

就这样，福特第一次离家出走事件便不了了之了。但仅仅几天之后，福特便故技重施，又在上学的路上逃到底特律。这一次，他的计划周密多了。他打算先住在姑妈瑞贝卡家中，然后再找一份工作。

瑞贝卡此时已经是弗莱霍蒂太太了，随丈夫住在底特律城。福特很喜欢瑞贝卡姑妈。母亲去世之后，瑞贝卡姑妈曾到迪尔伯恩照顾这个不幸的家庭，帮助威廉一家逐渐适应了没有女主人的生活。福特随父亲进城时，曾多次去看望瑞贝卡姑妈一家，知道她家的住址。

瑞贝卡一家热情地迎接福特的到来。但为了不使姑妈担心，福特并没有对姑妈说自己离家出走的事情。

第二天，福特就出去找工作了。虽然只有16岁，但凭借多年拆装机械积累下来的经验，福特已算得上一个相当熟练的技工了。在底特律这样一个工业发展日新月异的城市，熟练的技工根本不用发愁找不到工作。因此，福特非常顺利地被密歇根车厢公司聘用了，日薪是1.1美元。这在当时已经算是很高的工资了，足可以养活一家人。

傍晚时分，福特回到姑妈的家里。一进门，他就发现威严的父亲正坐在客厅里等他。威廉发现儿子失踪后，骑着马找遍了迪尔伯恩的每个角落，急得都快要发疯了。直到玛格丽特发现福特带走了几件换洗衣服和他最珍贵的小工具箱时，威廉才明白儿子这次离家出走是一次有计划的行动。

威廉喃喃自语道：

"我早就知道会有这么一天的。"

作为父亲，威廉知道自己与儿子之间的隔阂很深，也知道儿子心中向往的生活。但无论如何，他都不能让一个16岁的少年独自在外生活。于是，他自然而然地找到了妹妹瑞贝卡的家中。

福特平静地看了看父亲，低声道：

"我已经在这儿找到工作了。"

威廉盯着福特的眼睛，平静地问：

"那是一份什么样的工作？"

福特回答道：

"在密歇根车厢公司当技工，日薪1.1美元。"

威廉点了点头，轻声道：

"我知道了！"

密歇根车厢公司是底特律有名的大公司，雇员达2000多名。在19世纪末，规模如此之大的公司尚不多见。因此，迪尔伯恩、底特律的居民大都知道这家制造火车车厢的企业。

威廉沉默了半晌，起身道：

"好吧，我的孩子，如果你喜欢这样的生活，不妨去试一试。"

福特点了点头，将父亲送出大门。分手之时，威廉凝视着城市中的点点灯火，忧伤地说：

"我的孩子，城市是肮脏和腐败的策源地，只有乡村才是整洁和道德的。如果你以后改变了主意，我们随时欢迎你回来。"

福特用力点了点头，目送父亲的马车消失在黑暗中。从此，福特的少年时代彻底结束了，迎接他的将是与在迪尔伯恩完全不同的生活。

（三）

上班之后，福特从瑞贝卡姑妈家里搬出来，自己租了一处小小的房间。令人意想不到的是，福特在密歇根车厢仅仅工作6天便被辞退了。更令人意想不到的是，他被辞退的原因居然是工作太出色了。

福特进公司之时，有一台机器已经坏了几个星期，车间主管捣鼓了一个多星期也没有修好。福特自告奋勇地说：

"主管先生，是否可以让我试一试呢？或许，我能修好它。"

车间主管根本看不上眼前的这个毛头小子，轻蔑地回答说：

"我看还是算了吧，以免你越修越坏！"

年轻气盛的福特很不服气。一天下班之后，福特悄悄留在车间，仅用几个小时便修好了那台机器，而且他还对机器的传动装置进行了一个小小的革新，提高了机器的工作效率。

第二天，这个消息便在密歇根公司传开了，工人们纷纷说：

"亨利真有两下子，居然修好了主管都没有修好的机器。"

脸上无光的车间主管感到了威胁。他暗想，如果让福特继续留在公司的话，他这个车间主管的位子很快就保不住了。于是，他找到福特，面无表情地宣布：

"非常抱歉，福特先生，你被解雇了。"

福特很意外，反问道：

"为什么？"

车间主管冷笑道：

"你未经许可，擅自拆装公司的机器，这就是原因，你满意吗？"

福特抬眼望了望车间主管，耸了耸肩，无可奈何地说：

"好吧，我就知道，你们总会找到理由的。"

福特脱掉工服，气愤地离开了密歇根车厢公司。这段经历让福特想起了母亲的教导，他喃喃自语道：

"还是妈妈说得对，别轻易露出你的全部本领。"

得知福特被辞退之后，威廉立即马不停蹄地赶到底特律，将儿子介绍到一家黄铜厂当见习生。这家黄铜厂主要生产黄铜门阀、汽笛和中表等仪器。由于规模较小，工人的劳动强度很大，每周必须工作60个小时才能勉强度日。

作为见习生，福特的境遇比普通工人还要差一些，每周只有2.5美元的薪资，这点可怜的薪资根本无法平衡收支。光是房租和伙食费，福特每周就要支出3.5美元。

但福特依然决定留下来，因为这家黄铜厂的规模虽小，但在业界却享有盛誉。一方面，工厂的历史悠久，加工工艺精湛；另一方面，工厂有一套独特的培训制度，帮助员工提升职业技能。很显然，对年轻的福特而言，技术培训对他的吸引力远比每周多赚几美元更有吸引力。在这里，福特很快就学会了一项非常重要的工作技能——设计图纸，这项技能对他日后的发展起到了巨大的作用。

为了平衡收支，福特不得不在工作之余想方设法打些零工。他与房东太太约定，房间里所有的煤气灯都由他负责保养和修理，房东每一周或两周不定期地支付给他2美元的费用。

除此之外，福特还在一家卖珠宝和钟表的商店找到了一份维修钟表的工作。店主罗伯特·马吉尔是一个非常精明的商人，他以福特年龄太小为由，将每晚的薪酬压到50美分，而且将工作时间延长了一个小时。

每天晚上，福特都拖着疲惫的身体从钟表店向自己的住处走去。他不喜欢底特律城的夜晚，由于工业发展过快，环境污染和能源不足的弊病很快就暴露出来了。夜晚，在昏黄的煤气灯和石油灯的照射下，大气中的颗粒污染物清晰可见，却看不清路。即使如此，为了节省能源，市政府议会依然专门作出决议，规定每个月要有一周的时间关闭路灯，只依靠月光照明。

（四）

1880年初夏，福特的薪资增加到每周3美元，但薪资的提高已经留不住福特的心了。他考虑再三，主动辞去了黄铜厂的工作，因为他觉得在"这里已经学不到任何东西了"。离开黄铜厂之后，福特打算进入德莱·多克造船厂工作，因为那里有各种型号的蒸汽机。

任何一家公司都无法拒绝像福特这样技术精湛而又年轻的技工，结果福特不但顺利地进入了德莱·多克造船厂，还被分到了专门制造船坞蒸汽机的分厂。由于缺乏相关的工作经验，福特只能从学徒工开始做起，每周的薪资只有2.5美元。

每天面对着各种型号的蒸汽机，福特兴奋极了，干活也非常投入。厂里主管设计的工程师弗兰克·柯尔比非常喜欢这个肯干的年轻人，也乐意指点他。

有一天，福特推着一辆装满零件的独轮手推车从狭窄的跳板往船舷上推去。在高高的跳板上，独轮手推车总是左右摇晃，福特紧张得额头直冒汗。正在这时，地面上传来柯尔比那洪亮的声音：

"孩子，站稳脚跟，两眼平视前方，你一定会成功的！"

福特照着弗兰克·柯尔比所说的去做，独轮手推车果然不再摇晃了。多年之后，福特回忆当时的情景依然感慨地说：

"从此以后，我就站稳了脚跟。"

可以说，弗兰克·柯尔比是福特一生中遇到的第一个良师益友。在他的指导下，福特在工程机械方面的知识日益丰富起来，技术也越来越精湛。成名之后，他并没有忘记弗兰克·柯尔比对他的教导。当爱迪生博物馆落成时，他郑重其事地将弗兰克·柯尔比的名字刻在博物馆的名人录上。

在造船厂工作期间，福特第一次听说欧洲大陆上已经出现一种新型动力机械——汽油发动机。在一次午休时，福特又像往常一样翻阅几本介绍动力机械的杂志。突然，一篇文章引起了他的注意，文章的题目是《异想天开的设计方案——汽油发动机》。

当时，蒸汽机几乎是所有机械的动力源。在人们的印象中，除了蒸汽机之外，似乎再也没有能够机械运转的装置了。所以，《异想天开的设计方案——汽油发动机》这篇文章的作者也是以怀疑的口气和戏谑的笔调介绍汽油发动机的。

福特本人也坚信，发明汽油发动机几乎是不可能的事情。他一边翻看文章，一边摇着头，并叹气道：

"这怎么可能呢？"

但看着看着，福特便开始怀疑自己的观点了。早在1867年时，德国工程师尼科拉斯·奥古斯特·奥托便在巴黎世界博览会上展出了四行程循环的自由活塞动力机。他曾说：

"蒸汽引擎太过于庞大，为适应小型工厂的需要，非得开发内燃引擎不可。"

经过不懈的努力，奥托终于在1876年制造出了一种新型动力机械——以煤气为燃料的四冲程内燃机。不过，由于技术尚不成熟，这种新型机器并没有进入实用领域，但它首次采用的四冲程循环方式对汽油发动机的诞生起到了十分重要的作用。

但福特看完这篇批评奥托的文章之后，他的观点悄然发生了变化。奥托的一些观点和设计创意都牢牢地留在他的脑海里。

福特在造船厂一干就是两年，转眼就到了1882年。此时，福特已经从学徒成长为一名出色的机械师。他的薪资提高了，生活也稳定了，但他的内心深处却再次躁动起来。他的眼前经常浮现多年前见到的那台蒸汽机车的影子。在无数个夜晚，他都躺在床上想：

"或许，我也能造出可以自己移动的机器，代替人们普遍使用的马车。"

于是，福特在工作之余差不多走遍了底特律城的所有工厂，想找一个更适宜的环境，以便能在蒸汽动力机械方面有更大的建树。他甚至自己动手制造了一台小型蒸汽机，并把这台机器接在住所后面的水管上，机器能产生1.5匹马力的功率。这也是福特制造的第一台发动机。

然而，一个刚刚年满19岁的年轻人想在底特律出人头地并不是一件容易的事情。经过数次碰壁之后，福特感到了一种前所未有的失望。1882年秋，福特辞去了在德莱·多克造船厂的工作。

辞职后，福特曾打算生产一种价格低廉的手表，以每块50美分的价格出售。但精打细算后他才发现，如果将售价定在50美分的话，扣除生产成本之后，他必须年产60万块手表才能实现盈亏平衡。福特几乎被这个数字吓了一跳！他将稿纸揉成一团，扔在垃圾桶里，嗫嚅地说：

"天呐，60万块手表！我卖给谁呢？"

生产廉价手表的想法虽然没能实现，但他的心中却产生了一个坚定的想法——如果能生产一种成本低、质量好、产量高、价格便宜的工业产品，就一定能在大众中引起轰动，赚到大钱。从此之后，福特的一切努力都在朝着这一方向发展。

第四章　与克拉拉结婚

当你思索你能做某件事，还是不能做的时候，你已经是对的了。

——亨利·福特

（一）

1882年秋天，福特独自一人在底特律闯荡两年多之后，又回到了自己的家乡迪尔伯恩。两年不见，弟弟妹妹们都长大了许多。约翰已经能帮助父亲打理农场了，玛格丽特则承担了所有的家务劳动。

每天，福特都在弟弟妹妹们的包围下给他们讲述他在底特律的见闻，而父亲总是站在一旁静静地听着。对福特的归来，最高兴的就是父亲威廉了。他热爱乡村，讨厌城市，不希望孩子们沾染上城市里的种种恶习。他满心以为，福特在底特律碰壁之后再也不会返回城市去了，但他很快就发现，这不过是自己的一厢情愿而已。

有一次，福特帮父亲料理完农活后，便跟父亲一起坐在树荫下小憩。威廉望着已经长大的儿子，尽量以一种朋友的口吻问道：

"亨利，这次不会再回到那肮脏、罪恶的城市里去了吧？"

福特目不转睛地望着远方，平静地回答说：

"您知道，虽然回了家，但这绝不表示我已经放弃了自己的爱好。"

威廉怔了怔，喃喃道：

"我不想勉强你去做你不愿做的事。不过，如果你改变了主意，我们随时都在家里欢迎你回来。"

福特点了点头，起身朝家里走去。威廉望着儿子的背影，遗憾地摇了摇头。威廉正要起身，忽然看见邻居约翰·格里逊风风火火地跑了过来。威廉喊道：

"嘿，约翰，发生了什么事情？"

约翰·格里逊高声回答说：

"听说你的儿子亨利回来了。我的制材厂刚买了一台很贵重的蒸汽机，现在出了点问题，蒸汽机公司派来的操作员也无可奈何，能不能请你的儿子帮我修理一下？"

威廉喊住福特，快步赶上去，对他说：

"约翰的蒸汽机出了问题，他找你去帮忙呢！"

福特听完父亲的话，马上转身跟约翰一起赶往制材厂。在走到制材厂的后院，看到威斯汀豪斯公司制造的蒸汽机时，福特不由地赞叹道：

"这果真是一个宝贝啊！"

威斯汀豪斯公司是美国当时最著名的蒸汽机制造商之一，生产的蒸汽机十分珍贵。约翰买机器时，公司为他指派了一名操作示范员。但由于这位年轻的操作员害怕高速运转的机器，不敢靠近，根本无法熟练地给工人们做示范。因此，这台珍贵的机器在操作不当的情况下很快就出了问题。

福特仔细研究了机器，寻找问题所在。蒸汽机构造虽然大同小异，但各个厂家的产品还是有差异的。像威斯汀豪斯公司生产的这种机型，亨利就从来没有接触过。但是，两年多的工作经验和苦心钻研终于派上了用场。亨利小心翼翼地拆开机器，把所有的零件都擦洗一遍，然后一边研究，一边将蒸汽机重新组装起来。傍晚时分，沉默已久的机器终于重新发动起来。

约翰·格里逊非常高兴，他感激地握着福特的手，朗声道：

"亨利，我真不知道该如何感谢你！"

福特笑了笑，回答说：

"不必客气！"

说着，福特转身想要离开，这时约翰·格里逊突然又说：

"如果机器再出问题可怎么办呢？亨利，你的技术如此精湛，不如就由你来操作它吧！"

福特对这个提议很感兴趣，随即停住脚步，惊讶地反问道：

"我真的可以操作这台机器吗？"

约翰·格里逊微笑着点点头，说：

"你不但可以操作这台机器，每天还能得到3美元的报酬。以后，就由你带着它去为大家服务吧！"

这样，福特刚从底特律回到迪尔伯恩不久就找到了一份与机械师身份相称的工作。在繁忙的秋季，福特带着这台机器从一个农庄到另一个农庄，几乎走遍了密歇根的每个角落。忙碌了3个多月之后，福特不但得到了300多美元的报酬，"机械师亨利"的美名也在密歇根传开了。

（二）

1882年，秋收季节刚刚结束，威斯汀豪斯公司派驻密歇根的代表便慕名找到福特，直截了当地问他是否愿意做该公司在密歇根地区的机器维修师和业务推销员。福特喜欢与蒸汽机打交道，更何况，这份工作相对比较轻松，除了农忙时节之外，几乎没有什么事情。而且，威斯汀豪斯公司许诺的报酬也十分丰厚。

因此福特兴奋地回答说：

"当然愿意！我可真是一个幸运儿！"

就这样，福特幸运地成为威斯汀豪斯公司的员工，每天身背工具箱，骑着马在密歇根半岛奔波，在帮助农民们维修蒸汽机的同时，也向众人推销新型机器。村民们都非常喜欢这个工作勤奋的小伙子。在迪尔伯恩附近，无论哪个村子有社交活动，大家都不会忘记邀请"机械师亨利"来参加。

在美国，跳舞是社交场合不可或缺的活动。福特相貌清秀，长得高高瘦瘦的，是姑娘们青睐的舞伴。然而，他却对跳舞一窍不通。

有一次，福特和妹妹玛格丽特一起去参加舞会，一个年轻活泼的姑娘走上前来，大方地对福特说：

"聪明的机械师，你愿意邀请我跳一支舞吗？"

福特尴尬极了，红着脸，吞吞吐吐地回答说：

"美丽的姑娘，十分抱歉，我不懂得跳舞。不过，我会努力学习的。"

直到此时福特才发现，由于他把精力都集中在机器上，自己的生活与同龄人相比实在太枯燥了。于是，他决定跟妹妹玛格丽特学习跳舞。玛格丽特是迪尔伯恩的社交明星，不但交友广泛，舞技在当地也首屈一指。在玛格丽特的指导下，福特的进步神速，很快就成了舞会上的"王子"。

秋去冬来，时光荏苒，福特在忙忙碌碌中迎来了1885年的新年。迪尔伯恩有一个传统，就是居民们在每年新年的夜晚都会赶到附近的格林菲尔德区的马丁德尔旅馆去参加狂欢舞会，与邻近几个区的居民共同迎接新年的到来。

黄昏时分，福特一家穿着节日的盛装，乘坐马车来到马丁德尔旅馆。装饰华丽的旅馆里已经挤满了人，熙熙攘攘的，十分热闹。福特穿着考究的黑色礼服，微笑着走到人群里跟朋友们打招呼。他丝毫没有注意玛格丽特已经悄然离开家人，与一名穿着绿色长裙的少女站在一起，一边指着福特，一边还在低声说着什么。

当音乐响起的时候，福特顺手从侍者的手中接过一张节目单，站在角落里认真看了起来。就在这时，玛格丽特拉着那名绿裙少女走了过来，轻声道：

"亨利，我来给你介绍一位朋友。"

福特放下手中的节目单，抬眼望见一位美丽的绿裙少女正站在玛格丽特的旁边，笑盈盈地看着他。多年之后，福特在回忆当时的情景说：

"我一下子就被这位小姐深深地吸引了。"

玛格丽特见福特有些手足无措，便提醒道：

"她是克拉拉，你们以前见过面。就在几个月前的秋天月光舞会上，我们4个人还一起跳方阵舞呢！"

亨利一下就想起来了。在秋收时节的月光舞会上，他碰上了曾在底特律的同事瑞克·哈特。当两人谈兴正浓时，玛格丽特带来了一个伙伴邀请他们一起跳在当时十分流行的四人方阵舞。那其中的一位少女，就是眼前的克拉拉。

当时，克拉拉留给的福特的印象是"开朗、友善，有一个固执的下巴"。不过，由于是晚上，福特并没有看清克拉拉的相貌。再加上瑞克·哈特有一些技术难题要向他请教，他们只跳了一会儿便离开了舞场。等他们回来时，玛格丽特和克拉拉已经走了。

这一次，福特借着明亮的灯光看清了克拉拉的相貌。她身材匀称，相貌清秀，浅浅的微笑中蕴藏着无尽的温柔与恬静。玛格丽特冲着哥哥神秘地眨眨眼，找个借口走开了。

福特会意，立即邀请克拉拉跳舞。在悠扬的音乐声中，他们翩翩起舞，一曲接一曲地跳着，几乎忘记了时间。直到曲终人散，他们才恋恋不舍地分开。

就这样，一段美好的姻缘拉开了序幕。

（三）

19岁的克拉拉·简·布莱恩是格林菲尔德区一个富有的农场主之

女。她聪明、活泼、为人诚恳，善于从不同的角度去观察别人和思考问题。在很早之前，他就与福特的妹妹玛格丽特成了十分要好的朋友。所以在认识福特之前，她已经从玛格丽特那儿听说了不少关于福特的事情。

在第一次见到福特之后，情窦初开的克拉拉便爱上了他。细心的玛格丽特很快发现了这一点，因此才有了舞会上那令人难忘的一幕。

克拉拉回到家后，立即拉着母亲向她诉说自己的心事。母亲打趣道：

"我们的小公主恋爱了。他是谁家的小伙子？"

克拉拉羞涩地说：

"是迪尔伯恩福特家的亨利。"

母亲对福特一家略有所闻，对"机械师亨利"也颇有好感。克拉拉见母亲不反对，便叽叽喳喳地说开了。她说：

"亨利是个与众不同的人，他并不像其他人一样，只会谈论音乐和别人的琐事，他很诚恳地对我谈起了他以前的经历。"

此时，福特和玛格丽特尚在回家的路上。玛格丽特好奇地问哥哥：

"你对克拉拉的印象如何？"

福特望着远方，深情地说：

"我和她仅仅相处半小时后就明白了，她就是我的'玛什'！"

听到福特的话，玛格丽特哈哈大笑起来。"玛什"是当时非常流行的俏皮话，意为"情人"。

从此之后，几乎在所有的舞会上，克拉拉都是福特忠实的舞伴。随着相互了解的加深，克拉拉对福特与众不同的性格也有了更深的了解。当舞会进行到一定时间时，福特总会习惯性地看看手表，然后遗憾地对克拉拉说：

"我得去摆弄机器了。"

克拉拉不但不为福特的失礼生气，反而觉得他是一个有理想的青年。她认为，既然爱一个人，就应该理解他，支持他的事业。

就这样，两人的关系稳定而又迅速地发展着。冬天的时候，福特买了一辆轻便的雪橇，特意漆成克拉拉喜欢的绿色，然后拉着她在冰封的河上奔驰；到了夏天，他又带着克拉拉一起骑马或坐马车到森林里去野炊；当收获的季节来临之时，亨利干脆把克拉拉抱上自己驾驶的蒸汽机车，让她坐在自己的身边，一起去为农民们服务。

1886年2月14日，福特和克拉拉迎来了他们相恋后的第一个情人节。福特亲手制作了一块双面手表，作为礼物送给克拉拉。随礼物一起送到克拉拉手中的，还有一封热情洋溢的情书。克拉拉感动极了，不但将福特送给自己的双面手表视若珍宝，还将福特写给自己的情书精心收藏起来。

看着福特与克拉拉双双坠入情网，最高兴的莫过于威廉·福特了。每次目送儿子衣冠楚楚、步履匆匆地去赴约时，他便会坐在客厅里，美滋滋地端起盛满威士忌的酒杯。和大多数爱尔兰移民一样，威廉嗜好饮酒，福特却最讨厌喝酒。威廉深知这一点，所以很少当着孩子们的面喝酒。

多年以来，威廉始终没有放弃将福特培养成农场主的愿望。他希望儿子能够尽快从那些"该死的机器"中摆脱出来，安心务农，为弟弟妹妹们树立一个榜样。但威廉知道，儿子不愿意务农，他有自己的想法，有自己的理想。当福特离家出走，到底特律工作之时，威廉几乎绝望了。现在，他心中的希望之火再次燃烧起来，他希望出身农场主之家的克拉拉能够把儿子留在迪尔伯恩。他曾喃喃自语道：

"这大概是留住亨利唯一的一次机会了！"

1886年秋天，威廉将一块叫做莫尔的林地送给福特，作为他将来成家立业的物质基础。林地大约有500亩，长满了橡树、枫树和榆树等硬木。林子中间还有一所布局精巧的小木屋，供伐木者居住。

得到林地之后，亨利很快就搬进小木屋。他辞去了威斯汀豪斯公司的工作，全心经营自己的事业。他还在林地里建造了一座小小的伐木车间，将砍伐下来的木材运到车间里加工。但在砍伐和加工木材的同时，福特并没有放弃摆弄他的机器。他利用伐木赚的钱在小木屋旁新盖了一座实验室，还买了两台蒸汽机。每天晚上，他都守在实验室里拆拆卸卸，一直忙到凌晨。

此时，福特已经明白他从少年时代就开始等待的东西到底是什么了。他曾对妹妹玛格丽特说：

"玛格丽特，总有一天，我会把马车系在星星上的！"

（四）

1888年4月11日，克拉拉迎来了22周岁的生日，也迎来了她与福特的婚礼。婚礼是在格林菲尔德的福特的岳父布莱恩先生家中进行的。那天，福特穿着一套蓝色西装，头发整齐地从中分开，油光可鉴。新娘克拉拉则穿着由自己亲手缝制的洁白的结婚礼服，长长的头发盘在头顶，别着一枚母亲玛莎从英国带来的老式发卡。

福特的父亲威廉和克拉拉的母亲玛莎分别作为男方和女方的证婚人，端端正正地站在客厅的中央，见证了福特和克拉拉的爱情。当福特从岳父布莱恩先生的手中接过克拉拉的手之时，在场的亲戚朋友均报以热烈的掌声。

牧师庄严地问：

"亨利·福特先生，请问你是否愿意娶克拉拉·简·布莱恩小姐为妻？不论富有还是贫穷，健康还是疾病，你都愿意与她相伴终生吗？"

福特微笑着望了望克拉拉，又将目光转向牧师，严肃地回答说：

"我愿意。"

牧师又转向克拉拉，问道：

"克拉拉·简·布莱恩小姐，请问你是否愿意嫁给亨利·福特先生？不论富有还是贫穷，健康还是疾病，你都愿意与他相伴终生吗？"

克拉拉羞涩地看了福特一眼，低声回答说：

"我愿意。"

在亲友的祝福声中，福特和克拉拉交换了结婚戒指。牧师随即庄严地宣布：

"亨利·福特与克拉拉·简·布莱恩正式结为夫妻。"

新房里堆满了亲朋好友送来的结婚礼物，其中有一座古朴典雅的座钟，这是威廉送给儿子的礼物。威廉知道，儿子喜欢钟表，便投其所好地送了这么一件特殊的礼物。福特感动极了。当他看到父亲的礼物时，眼里噙满了晶莹的泪花。

婚礼结束后，福特带着克拉拉乘马车直接来到莫尔林地。在广袤的森林里，福特和克拉拉一天到晚忙个不停。他们在小木屋旁选了一块开阔地，打算建造一座真正属于自己的乐园。晚上，在明亮的煤气灯下，夫妻两人热烈地讨论，描绘着他们未来的家园。福特幸福极了，自从母亲玛丽去世之后，他从来没有这样开心过。

为了感谢克拉拉给自己带来的快乐，福特打算按照克拉拉的设想，将新家建成真正的乡间别墅。他设计草图，然后又根据草图计算所需的木料，再去林中砍伐树木。在婚后的几个月里，莫尔林地终日回响着蒸汽机的轰鸣声。

见福特夫妇在莫尔大兴土木，最高兴的莫过于威廉了。在他看来，这似乎是儿子打算长期定居乡间的征兆。于是，他便打发玛格丽特和约翰等人去帮助哥哥。经过几个月的忙碌，被克拉拉命名为"方屋"的新木屋终于建造起来。

新木屋是完全按照美国乡间流行的样式建造的。房屋分为上下两层，每层都装饰着乡间流行的长廊和雕满各种图形花纹的护栏。在屋子的后边，福特还开辟了一片菜园，克拉拉在那里亲手种下了各种各样的蔬菜。

　　就这样，福特夫妇在莫尔林地建起了属于他们自己的乐园。在这里，他们尽情享受着新生活的乐趣。有时，亨利操作蒸汽机在林中砍伐木材，克拉拉则坐在木屋的长廊上做针线活，并时不时地下楼为丈夫送一杯热水或一条毛巾；有时，他们会在一起劳动，或在小菜园里浇水除草，或给圈中的家禽喂食。

　　每到夜幕降临的时候，福特就会一头钻进自己的实验室中，没完没了地摆弄那些零件。克拉拉一如既往地支持着丈夫的事业。每当这个时候，她就一个人坐在客厅的沙发上，一边静静地看书，一边等丈夫回来。在漫长的冬夜，福特还会陪着妻子围在火炉边谈天说地。克拉拉有时也会坐到钢琴前，为丈夫弹上一支悠扬的乐曲。

　　看着福特和克拉拉过得如此幸福，亲朋好友都为他们感到高兴。玛格丽特就不止一次地对哥哥说：

　　"看，多么温馨的家庭生活啊！"

第五章　从机械师到总机械师

一个人能发现的最大惊喜，就是他做成了一件他过去想都不敢想的事。

——亨利·福特

（一）

在莫尔林地待的时间长了，一种前所未有的寂寞在福特的心中慢慢生长起来。他不仅担心自己的理想无处安放，也担心家庭的经济来源。他曾对朋友说：

"500亩的林地用不了多久就会被砍光的。"

幸运的是，"机械师亨利"的美名已在密歇根地区传开了。巴凯依尔收割公司很快便慕名找来，聘任福特为机械师，负责该公司在底特律地区的农机产品的安装和维修工作。巴凯依尔收割公司的技术中心设在底特律，因此，福特要经常乘坐马车到底特律去工作。

1891年秋收时节的一天，福特像往常一样到底特律去上班。他一走进技术中心，就看见许多工友和机械师正围着一台小巧的动力机赞叹不已。福特凑上前去，大声问道：

"伙计们，你们在看什么呢？"

一名机械师头也不抬地回答说：

"'沉默的奥托',一种新型汽油发动机。"

"原来是汽油发动机啊!"福特摇着头,回答说。

早在1883年,曾在奥托公司工作的工程师戴姆勒就制成了第一台四冲程往复式汽油发动机。由于当时的技术尚不成熟,早期的汽油发动机不但体积大、油耗高,输出功率小,噪音也很大,所以没有推广开来。

那名机械师见福特摇头,朗声说道:

"亨利,'沉默的奥托'与以往的汽油发动机不同,它是德国著名工程师尼科拉斯·奥古斯特·奥托制造的。它工作时候的噪音非常小,所以我们才叫它'沉默的奥托'。"

"奥托?"福特立即想起自己多年前在造船厂看到的那篇文章,"或许我应该仔细研究一下这台'沉默'的家伙。"

那名机械师喊道:

"太对了,亨利,我们应该仔细研究研究它,听说法国人已经用它造出会自行移动的汽车了。"

其实,最早提出汽车概念,并将汽油发动机装在汽车上的并不是法国人,而是德国人。1885年,德国著名工程师尼科拉斯·奥古斯特·奥托的助手哥特里勃·戴姆勒便将他和奥托制造的高速内燃汽油发动机用在车辆上。差不多在同一时间,德国另外一名著名的工程师卡尔·本茨也做了同样的尝试。

然而有趣的是,汽车在德国并没有得到推广,反而在法国迅速普及。这主要是因为热情、浪漫的法国人要比古板、严肃的德国人更容易接受新生事物。

当福特第一次听说"汽车"这一概念的时候,法国的帕卡德—勒瓦索公司已经对戴姆勒发明进行了进一步的改造,设计出了统一的汽车外形,构思出了现代汽车的基本结构,法国也由此成为当时世界上名副其实的汽车工业中心。在此后的十几年里,法国的汽车生产一直居世界首位。

福特蹲下身，仔细看着被工友们称为"沉默的奥托"的机器。他惊奇地发现，这台新型发动机与蒸汽机相比，完全是一件革命性的产物。它不但重量轻、体积小，结构紧密，加工精巧，最令人惊叹的是它独特的四冲程循环系统设计方案。在第一冲程上，活塞把雾状的燃料导入汽缸，第二冲程则负责把燃料压缩，第三冲程是点火引爆装置，而膨胀后的气体则推动活塞冲向最后的第四冲程，然后排放出废气，又开始新一轮的循环。

回家之后，福特兴奋地对克拉拉讲起了在城里的见闻。末了，他不无遗憾地说：

"我一直犯着一个极大的错误，从一开始我就错了。我陷入了对蒸汽机的痴迷中，从而忽视了技术的新发展。现在我终于明白了，克拉拉，我所要制作和完善的是一种装在轮子上、能代替马匹的驱动机器，但这台机器的动力源不应该是蒸汽机，而应该是汽油发动机，像'沉默的奥托'一样的发动机！"

克拉拉适时地提醒丈夫说：

"那么，我们到哪里去弄一台汽油发动机呢？"

福特叹了口气，无可奈何地回答说：

"是啊，要想弄到一台汽油发动机的确不是一件容易的事情，乡间的技术条件实在太有限了。"

（二）

为了制造汽车，福特到处去寻找汽油发动机。不过，由于美国本土的工程师们尚未造出这种新型的发动机，只有到欧洲才能买到。但万里迢迢地跑到欧洲去买一台发动机对福特来说并不现实，他暂时还没有足够的财力。

1891年冬的一天，福特突然对妻子说：

"既然暂时弄不到汽油发动机，我们就用蒸汽机代替吧！"

克拉拉十分支持丈夫的想法，她说：

"亨利，想干就干吧！"

得到妻子的支持后，福特立即投入到设计工作当中。每天晚上，他都坐在明亮的灯光下在稿纸上画引擎和传动装置。一个周末的晚上，福特突然想到了一个绝妙的设计，他疯狂地大叫起来：

"克拉拉，快帮我拿些稿纸来。"

克拉拉正坐在客厅的钢琴前看简谱。听到丈夫的喊声，她本能地站起来，将手中的简谱递给福特。福特一拿到简谱，便在背面的空白上面潦草地画了一个引擎的简图。几分钟后，福特像个孩子似的大声喊道：

"就是这个！克拉拉！这是我正在设计的汽车构造。"

聪明贤惠的克拉拉虽然看不懂那张潦草的简图，但却非常清楚丈夫正在干什么。她高兴地说：

"亨利，好好干吧！你一定会成功的！"

简图设计好之后，福特便把实验室里的两台蒸汽机拆下来，开始组装他的"汽车"了。一个月后，两台"会走路"的机器诞生了。遗憾的是，福特的设计并不成功，两台机器中只有一台勉强向前行驶了30多米，另一台则一动未动。

这次实验的失败促使福特产生了搬到底特律居住的念头，因为底特律的技术条件要比迪尔伯恩先进得多。福特的内心十分矛盾，因为妻子克拉拉十分喜欢莫尔林地里的这片乐园。但如果继续在迪尔伯恩住下去的话，他肯定会疯掉的。几个月后，福特终于鼓起勇气，试探性地跟妻子商量起搬到城里去住的事。

克拉拉沉默了半响，声音低沉地问道：

"亨利，我们一定要离开这里吗？"

福特摊开双臂，将克拉拉揽入怀中，安慰道：

"亲爱的，放心吧！只要有你有我的地方，就会有一个幸福的家。"

克拉拉低声啜泣着，哽咽着说：

"亨利，我支持你！无论你走到哪里，我都会无怨无悔地跟随你。"

福特感动极了！他深情地望着克拉拉，温柔地说：

"爱迪生照明公司底特律分厂正在招聘一名机械工程师，我的朋友已经把我推荐给公司了。亲爱的，你知道，这个职位对我来说非常重要，而且收入也不错。"

克拉拉低声道：

"亨利，想干就去干吧！"

于是，福特带着妻子克拉拉一起搬到了底特律，并在底特律的约翰大街租了一套两居室的住房。房间很小，光线也不太好，但距离他上班的地方很近，只有几分钟的路程，他这样做的主要目的就是方便在下班之后利用公司的车间进行他的汽车实验。

（三）

爱迪生照明公司底特律分厂是整个密歇根地区最大的企业之一，它的创始人和拥有者是著名的发明家托马斯·爱迪生。爱迪生不仅是一个成功的发明家，也是一个出色的企业家。他在发明电灯后不久便创办了电力公司，为电灯用户提供电力。当时，爱迪生电力公司底特律分厂下属的两家发电厂垄断了当地80%的居民用电。

福特和其他机械工程师主要负责安装和检修各种机器。这是一项十分辛苦的工作，因为发电厂供电的时间大多在夜间。每天黄昏时分，当大部分工人拖着疲惫的身体回家时，福特才刚刚走出家门去上班。他的工作时间是从傍晚6点到次日清晨6点，月薪为45美元。虽然工作很辛苦，薪资也不高，但在摆满各种各样机器的发电车间里，福特如鱼得水，工作十分努力，对新技术的掌握和运用也比其他人快一些。很快，他就成为发电厂里最受尊敬的人之一。

1893年9月，美国马萨诸塞州的查尔斯·杜里埃和弗兰克·杜里埃兄弟制造出美国第一辆用汽油作动力的"无马之车"。一时间，美国各大报纸纷纷以"无马之车在美国诞生""兄弟俩的发明""奇迹！用汽油发动的车"等为题报道了这一历史性的事件。然而，一直关注汽车发展的福特却在此时将注意力从外部转到家里，因为克拉拉此时已有8个多月的身孕了。

克拉拉很不适应城里的生活。每天福特下班后便往床上一躺，"呼呼"大睡起来，而克拉拉则在此时开始忙碌。她要打扫卫生，洗菜做饭，等到中午时喊醒福特，和他共进午餐。下午，福特往往一头扎进厨房，研究他摆放在那里的机器。

克拉拉寂寞极了！她最高兴的时候就是有亲朋好友来访。每隔半个月，威廉都会到底特律来一次，看望福特和克拉拉，玛格丽特、约翰等人也是家中的常客。当时，约翰的主要工作便是驾着马车，将迪尔伯恩农场上生产的新鲜牛奶送到底特律的各个商店。有时，他会顺道看望哥哥一家。每当福特不在家，克拉拉就会坐上约翰的马车到迪尔伯恩去看看。

克拉拉怀孕之后，福特对妻子的关注稍稍多了一些。为了不影响妻子休息，福特将家搬到距离工厂区较远的巴克莱大街58号。此外，如果工厂没什么重要事情，他也会待在家里陪克拉拉。

11月6日上午，随着一阵清脆的啼哭声，一个健康的男婴降生在亨利·福特家中。福特紧紧地握住克拉拉的手，安慰着妻子。

克拉拉虚弱地问福特：

"亲爱的，我们给孩子取个什么名字呢？"

福特兴奋地说：

"我早已经想好了，就叫他埃德塞吧！"

克拉拉惊诧道：

"埃德塞！你的好朋友、化学界的新宠埃德塞·鲁迪曼的名字？"

福特微笑着回答说：

"是的。我希望我们的孩子能像埃德塞·鲁迪曼一样，从小就出类拔萃！"

此时，福特儿时的好友埃德塞·鲁迪曼已经大学毕业，开始在化学界崭露头角了。几年后，他成为美国著名的化学家。

儿子埃德塞出生后不久，福特的工作也随之出现了一系列令人眼花缭乱的转机。在公司总经理亚历山大·道的授意下，福特被调到爱迪生照明公司底特律的总部。那里积压了大量已经损坏的机器，等着福特前去修理。

受命之后，福特将妻子和孩子委托给亲友照顾，自己则待在总公司的车间里没日没夜地工作。很快，那批机器便恢复了正常运转。

福特的努力得到了总经理亚历山大·道的认可，他也迅速被提升为公司的副总机械师，月薪升到了75美元。在副总机械师的位子上干了不到一个月，福特又被破例提升为底特律爱迪生照明公司的总机械师，月薪100美元。而此时，福特才仅仅31岁。一时间，福特成为底特律的名人，并被底特律基督教青年技工学校聘为兼职教师，向青年学生讲授机械知识和他的成长经验。

福特有许多让人无法理解的习惯。西方的民间传说，如果行人在路上碰见黑猫从身体左边走向右边就会给人带来好运，反之则会厄运临头。福特对此深信不疑，一旦在街上看见黑猫，他就赶紧判断黑猫是从左往右走还是从右往左走。

第六章　"一号车"的诞生

　　当你用更智慧的方法去做一件你曾经失败的事时，那么那次失败何尝不是一个机会呢？

——亨利·福特

（一）

　　虽然当上了总机械师，但福特并不高兴，因为他始终不能忘记那个将"马车系在星星上"的梦想。工作之余，福特经常翻阅《美国机械师》杂志，从那里了解汽车在美国的发展情况。

　　1895年秋天，福特从杂志上了解到，在《芝加哥论坛报》举办的汽车大赛上，杜里埃兄弟制造的汽车输给了德制本茨汽车。

　　福特盯着杂志上的文章，喃喃自语地说：

　　"看来，我们必须向德国人学习。"

　　基督教青年技工学校有一个叫巴提尔的德国侨民，年仅18岁，但在机械方面的造诣已经很深了。福特请他帮助自己翻译了大量用德语写成的技术文章，其中包括奥托、戴姆勒和本茨的介绍。福特就像是一棵久旱逢甘霖的植物，孜孜不倦地从巴提尔翻译的文章中汲取着营养。

　　理论知识逐渐丰富之后，福特开始着手研究汽油发动机了。爱迪生照明公司的电气工程师爱德华·哈弗听说福特在研究汽油发动机，便找到他说：

"亨利，听说你在研究内燃引擎，多么有意思的事情啊！我可以参加吗？"

福特微笑着回答说：

"为什么不可以呢？欢迎你的加入。"

不久，爱迪生照明公司的另外一名工程师毕休普也加入了福特的内燃机研制小组。起初，他们在爱迪生照明公司的发电厂里进行实验，后来总经理亚历山大·道发现了这件事情。他担心汽油会突然爆炸，便禁止福特等人继续在发电厂进行实验。

怎么办呢？福特闷闷不乐地回到家，唉声叹气地跟克拉拉说：

"真是倒霉透顶了！"

克拉拉关切地问：

"亲爱的，怎么了？"

福特叹了口气，说：

"愚蠢的亚历山大禁止我们继续在发电厂进行实验，我们无处可去了。"

克拉拉想了想，提醒道：

"为什么不把后院的储藏室改造成你的实验室呢？我想菲利克斯·朱林会同意的，他是一个好人！"

菲利克斯·朱林是福特的邻居。后院的储藏室是两家共用的，如果想把它改造成实验室，必须征得菲利克斯的同意。不过，他是一个很好说话的老人。福特听完妻子的提醒，一拍脑门，恍然大悟道：

"这确实是一个好办法。"

说着，福特顾不上休息，马上跑过去敲开了菲利克斯的家门。听说福特要把后院里的储藏室改建成实验汽油发动机的实验室，好奇心强烈的菲利克斯马上就同意了。

福特高兴极了，一把握住菲利克斯的手，连声道：

"谢谢你，真的太谢谢你了！"

菲利克斯不好意思地挠挠后脑勺，小心翼翼地说：

"不过，我有一个请求，我是否可以去看你们工作呢？"

福特哈哈大笑道：

"当然可以！"

此后，福特一下班就会领着他的合作伙伴们一头扎进后院的实验室，研究他们的汽油发动机。克拉拉有时也会到实验室中去帮忙。在众人的齐心努力之下，一台崭新的四冲程汽油发动机终于在1896年3月被制造出来。他们制造的这台发动机较好地解决了工作噪音和体积过大等问题。

对着这台全新的机器，福特兴奋极了。看着丈夫正在一步步地实现自己的梦想，克拉拉也十分高兴。一天晚上，克拉拉的妹妹从迪尔伯恩赶来看望福特一家，克拉拉神秘兮兮地对她说：

"你知道吗？亨利正在制作一种神奇的东西。"

妹妹饶有兴趣地问：

"什么东西？"

克拉拉神秘地一笑，回答说：

"现在还需要保密。不过，或许哪天我就会忍不住告诉你了。"

（二）

在福特小组的研究取得实质性进展之时，福特从巴提尔那里得知，查尔斯·金也在研制汽车。查尔斯·金出身军人世家，但却对工程和机械有着浓厚的兴趣。这位杰出的发明家总共取得了65项专利，其中包括汽锤、火车刹车梁、船舶引擎等，前两项发明还在芝加哥博览会上获得了最高荣誉奖——青铜奖。

得知查尔斯·金也在研制汽车，福特忍不住问巴提尔：

"查尔斯·金先生的进展如何？"

巴提尔难为情地回答说：

"先生，实在抱歉，我不能向你透露。不过，我可以把金先生介绍给你认识。"

在巴提尔的介绍下，福特与查尔斯·金这一对同样痴迷于机械的工程师成了十分要好的朋友，但金却没有向福特透露自己的研究情况。直到1896年3月，在成功地组装了第一辆无马马车之后，金才邀请福特去观看他的试车表演。

在一个月光皎洁的晚上，金的试车表演开始了。福特骑着一辆自行车跟在汽车的后面，仔细观察着那辆无马马车的每一个细节。

那是一辆由普通马车改造而成的汽车，重达590千克，但引擎的马力却只有3匹。所以，这辆被称为底特律第一辆无马马车的汽车时速非常慢，只有12千米左右，远远比不上杜里埃兄弟制造的轻便汽车。

查尔斯·金有些气馁，但福特却从他平生首次看到的试车表演中获得了动力。他对查尔斯·金说：

"金，你应该为自己骄傲！据我所知，到现在为止，整个底特律还只有你和巴提尔造出了这种神奇的机器！"

查尔斯·金耸了耸肩，将话题转到福特的研究上：

"那么，你的研究进展如何？"

福特回答说：

"大家都很努力，现在就差装配了。不过，我们还差一些东西，比如传动链条。"

查尔斯·金热情地说：

"这件事就交给我吧！"

临别时，金从箱子里拿出一沓图纸递给福特，说：

"我不打算再研究内燃引擎了。这是我那辆车的设计图纸，或许对你有点用。另外，我还有一些剩余的零件，你一起带回去吧！"

福特没有多说什么，只是紧紧地握住了金的双手。

查尔斯·金送给福特的图纸对"一号车"的诞生的确起到了十分重要的促进作用。

第二天，福特便把查尔斯送给他的图纸摊在桌子上，向他的伙伴们介绍说：

"金的车从整体设计概念上来说与我们的不同……那辆车太重了，足足有590千克，这么重的车怎么跑得起来呢？"

毕休普关切地问：

"他的发动机怎么样？"

福特回答说：

"他的发动机也是四缸的。不过，他似乎没有对其进行改装，体积和噪声都很大。道理很简单，在发动机功率有限的情况下，车子越轻就跑得越快。因此，我们必须造出结构合理、车身轻的车子，这样才能使汽车达到理想的速度。"

听完福特的叙述，爱德华·哈弗和毕休普用力点了点头。坐在一旁观看的菲利克斯也附和道：

"你说得真的太好了！"

自从实验室建成的那天起，菲利克斯每晚都会准时出现在那里，观看福特小组进行的各种实验。通常情况下，他什么话也不说，只是静静地坐在一旁，有时还会打个瞌睡。他不懂机械，但他喜欢看到一堆乱七八糟的零件被组装成一台台神奇的机器。

（三）

1896年5月27日，查尔斯·金将一条钢制的传动链条递到福特手上。此后，他便退出汽车研制工作，去了巴黎，成为一名大器晚成的艺术家。

在得到钢制链条之后，福特小组便开始了紧张的组装工作。福特从一台废旧的蒸汽机上拆下一节导管，将其截短后作为汽油发动机的输油管。除发动机之外，车身的主体部分便是一个木制的底盘和4只从自行车上拆下来的轮子。

6月5日凌晨2点，全部组装都已经完成。众人将车子抬到地秤上一称，欣喜地发现它只有220千克，足足比金的那台车轻了370千克。毕休普冲着福特喊道：

"亨利，你给它取个响亮的名字吧！我想，它一定会名扬天下的。"

福特朗声道：

"没错，它一定会名扬天下的！这是我们制造的第一辆汽车，我们就叫它'一号车'吧。"

几个伙伴欢呼着击掌庆祝，准备试车。福特习惯性地往门口看了一眼，想看看老邻居菲利克斯是否还守在那里。遗憾的是，菲利克斯老人那天实在太累，在组装工作快要完成之时回屋睡觉去了，从而错过了历史性的时刻。

福特摇了摇头，遗憾地说：

"这个好心的老头儿要错过最精彩的片段了。好了，我们开始试车吧！"

突然，毕休普惊叫道：

"天呐，我们怎么把它弄出去？"

众人这才发现，他们只顾在实验室里组装汽车，却忘了它根本无法从狭窄的门中开出去。福特大笑了两声，顺手操起一把大锤，在墙上砸出一个大洞，这样就可以将"一号车"推到街上。

巴提尔惊讶地看着福特，低声道：

"真够疯狂的！"

毕休普在一旁接过话茬说：

"哈哈，难道你不知道他有一个绰号叫'疯狂的亨利'吗？"

福特又笑了两声，对众人喊道：

"来吧，伙计们，让我们开始吧。"

说完，福特第一个走到一号车的后面，用力向洞口推去。毕休普、爱德华·哈弗和巴提尔也走过来加入推车的行列。

汽车被推到街上之后，福特突然想起一件事情。他一边往家跑去，一边喊道：

"请等一下，我去把克拉拉喊来！"

"疯狂的亨利"把妻子从睡梦中拉到街上。睡眼惺忪的克拉拉问：

"要不要把老菲利克斯也叫来？我想，他一定很乐意看到这一幕。"

福特笑着回答说：

"亲爱的，先别告诉他，等明天给他一个惊喜！"

这时，毕休普不知从什么地方推来一辆自行车，对福特说：

"亨利，我骑着自行车为你开道吧！万一遇上别的车，我就让他们让开！"

爱德华·哈弗在一旁说道：

"毕休普，你多虑了！你瞧瞧都几点了，还有谁会在街上呢？"

就在这时，天空中下起了毛毛细雨，克拉拉担忧地说：

"不好，下雨了！"

福特看了看黑色的天空，坚定地说：

"无论如何，我们都要先试一试我们的'一号车'。伙计们，我们开始吧！"

克拉拉转身到家里去拿雨伞，福特等人已经跃跃欲试，准备发动汽车了。福特的两眼放光，心"砰砰"直跳，仿佛快要跳出胸膛了。毕休普喊道：

"亨利，别担心！我们开始吧！"

福特用力地点了点头，抬起右手在胸前轻轻画了个十字，然后跨上座椅，打开电池组的开关。汽油发动机发出了"突突"的响声，飞轮也开始飞快地转起来，木制的车身抖了一下，便缓缓地开始向前驶去……

（四）

毕休普骑着自行车在前面领路，福特驾着汽车缓缓地驶过巴克莱大街，转向由松木板铺成的华盛顿大街。克拉拉、爱德华·哈弗和巴提尔跟在车子的后面，兴奋地小跑着。此时已经是凌晨4点了，路上一个人也没有。克拉拉眼睛里噙着泪水，喃喃地说：

"亨利终于成功了！但遗憾的是，看到这一幕的人太少了！"

爱德华·哈弗安慰她说：

"福特太太，别担心！我相信，这个消息明天就会在底特律的大街小巷传开的。"

汽车在松木板路面上平稳地行驶着，很快就来到了凯迪拉克饭店门前。突然，车身抖动两下，发动机熄火了，车子也缓缓停了下来。毕休普凑过来，问道：

"亨利，怎么回事？"

福特一边跳下汽车，一边回答说：

"我也不知道，快打开工具箱，查找问题所在。"

偏偏在这个时候，一群赌徒从凯迪拉克饭店里涌出来。当他们看到那辆既不像自行车，又不像马车的"一号车"时，立刻就围拢过来，七嘴八舌地议论道：

"嘿，快看，这是一个什么玩意儿？它怎么不动了？"

福特等人根本没有闲心去解答他们的问题，他们赶紧打开工具箱，忙着修理发动机。不一会儿，问题就找到了。他们给发动机换上了新的阀门螺丝，又换了一个弹簧螺丝。福特又重新坐回到座位上，发动汽车。那帮看热闹的人指着平稳地向前行驶的汽车，高声道：

"快看，快看，它在跑呢！"

在华盛顿大街的尽头，福特又转向巴克莱大街，把车子开回家。在把车子推回工棚之后，众人拖着疲惫的身体纷纷告辞回家。福特也倒在床上，美美地睡了一觉。

天亮了，福特制造出汽车的消息迅速在底特律的大街小巷传开了。菲利克斯第一个冲到后院，一边小心翼翼地抚摸着"一号车"，一边惊叹道：

"这真是个神奇的玩意儿！不可思议！不可思议！"

福特向公司请了假，想用几天的时间来调试"一号车"。他让克拉拉抱着小埃德塞坐在自己的身边，迎着初升的太阳，福特一家在行人惊异的眼光中行驶在底特律城的大街上。福特忠实的合作者毕休普则继续骑着自行车在前面为他开道。

毕休普的担心并不是多余的。有一天，当福特开着车拐过一个弯道时，一名路人躲闪不及，一下子被撞倒在地。福特立即停下来，跳到路人的身边，紧张地问：

"你感觉怎么样？"

路人抬头看了看福特，又望了望面前那辆既不像马车又不像自行车的奇怪机器，恶狠狠地说：

"这是一个什么怪物！它差点要了我的小命！"

　　福特急忙向那人道歉。经过反复确认，福特发现，由于"一号车"的速度不算快，车身的重量也很轻，那名路人并没有受伤。但无论如何，这都是一次深刻的教训。从此之后，福特在城市里开车就小心多了。

　　从汽车发展史的角度来看，福特小组制造的"一号车"在技术上并没有太多的创新，甚至还没有跳出杜里埃兄弟和更早些的戴姆勒的发明。但是，"一号车"对福特的人生却产生了深远的影响。无论如何，他在1896年成功地造出了一辆真正意义上的汽车，这给福特以极大的鼓舞，使他坚定了继续走下去的决心。

第七章　成立底特律汽车公司

　　产品的质量就是在别人还没有意识到的时候，你已经把它做对了。

——亨利·福特

（一）

　　一个星期天的早晨，福特刚起床就兴奋地对克拉拉说：

　　"亲爱的，我们何不到迪尔伯恩去一趟呢？我们应该让大家分享一下我们的快乐！"

　　克拉拉看着兴高采烈的丈夫，感觉他简直就像一个刚刚得到新玩具的孩子一样，又怎么忍心拒绝他呢？克拉拉郑重地点点头，说：

　　"那好吧。不过，你一定要让你的汽车跑得慢一点，千万不要吓坏我们的埃德塞。"

　　"放心好了。"福特一边答应着，一边发动了汽车。

　　汽车刚开上密歇根大道时，福特便忘记了妻子的嘱咐，加快了车速。克拉拉抱紧埃德塞，紧张地提醒丈夫：

　　"亨利，车速太快了！开慢点，开慢点！"

　　福特不好意思地笑了笑，准备放慢车速。突然，发动机发出了两声沉闷的"突突"声，随即熄了火。福特不耐烦地跳下车，恶狠狠地骂道：

"真该死！"

重新调试好之后，没走多远便遇上了一段坎坷的土路。由于金属框架不甚牢固，车身颤巍巍地抖动起来，福特不得不进一步放慢车速。结果仅仅12千米的路程，"一号车"跑完全程就用了一个多小时的时间。福特这才发现，"一号车"在设计上还有很多缺陷，如框架和底盘不牢固、发动机不稳定、不适宜长途旅行等。

更让福特无法理解的是，当他把车停在门口时，家人和邻居并没有好奇地围上来，而是站在远处，冷冷地看着这既不像马车又不像自行车的"一号车"。福特的心里难受极了，仅仅坐了十几分钟，他便突然站起来，对克拉拉说：

"回家！"

克拉拉的脸"唰"地红了，她知道丈夫的自尊心在家人面前受到了伤害，但无论如何也不应该做出如此无礼的举动啊！沉默了半晌，克拉拉低声道：

"亨利，我们才刚刚停下来，又要赶路了吗？"

福特固执地说：

"没有马不停蹄的奔波，怎么能取得成功呢？"

几分钟后，福特又驾着"一号车"，载着克拉拉和埃德塞向底特律方向驶去。路上，福特已经开始考虑改进"一号车"的方案了。想着想着，他突然摇了摇头，叹气道：

"单凭我们几个人的力量，要改进这些缺陷似乎不大可能。"

新车试验成功的狂热劲头过去之后，福特发现自己已经有好几天没去上班了。好在他已经是月薪140美元的总机械师了，并不会因为几天不去上班而丢掉工作。

福特刚到公司，总经理亚历山大·道便迎上来说：

"亨利，祝贺你！你现在已经是整个底特律的骄傲了。"

福特尴尬地回答说：

"我想我应该为这些天没来上班而向你道歉，总经理先生。"

亚历山大·道说：

"道歉就不必了。你看，车间里有一大批机器等着你去修理呢！好好干吧，亨利。"

随后的几天里，福特一边带领工人们拼命干活，一边琢磨改进"一号车"的方案。当然，他还必须设法偿还制造"一号车"所欠下的债务。很快他就发现，单凭每个月140美元的薪资，他需要好几年的时间才能把所有的债务还清。

怎么办呢？挣扎了几天之后，福特断然作出了一个让克拉拉和毕休普等人大吃一惊的决定——以200美元的价格卖掉"一号车"。

买主将车开走之前，福特请来一名摄影师，站在"一号车"前照了一张相留作纪念。他头戴圆顶礼帽，蓄着整齐的胡须，双目炯炯，一副信心十足的样子。

克拉拉了解自己的丈夫，她知道，丈夫那个将"马车系在星星上"的梦想才刚刚起步，他绝不会就此放弃的。

（二）

卖掉"一号车"之后，福特闷闷不乐了好一段时间。就在这时，底特律市长威廉·梅伯里向他伸出了热情的援助之手。

梅伯里出生在一个富有的爱尔兰家庭。当福特还是个孩子的时候，梅伯里就与他的父亲威廉·福特成了好朋友。

这位50多岁的老人不但十分喜欢聪明的福特，也很欣赏他的新发明。在市长的赞助下，福特很快还清了所有的债务，并开始研究"二号车"。除此之外，他在爱迪生照明公司的地位也得到了很大的提升。

1896年6月底的一天，福特刚刚忙完手中的事，总经理亚历山大·道突然出现在他的面前，然后轻描淡写地说：

"亨利，公司马上就要在纽约召开年会了，我希望你能陪我一起去。"

由于在汽车实验上一直止步不前，福特的心情十分低落。他抬头望了望亚历山大，淡淡地反问道：

"为什么是我？"

亚历山大惊愕道：

"为什么是你？你是公司的总机械师，又是底特律的名人，你有义务向我们的老板托马斯·爱迪生先生汇报公司的问题。"

福特听到爱迪生的名字，突然提高声音道：

"向谁汇报？托马斯·爱迪生？"

发明大王爱迪生是福特的偶像。两年前，爱迪生驾临底特律之时，福特曾专门跑到他下榻的酒店去见他。遗憾的是，由于当时在场的人太多，福特根本不知道哪位才是他的偶像，只好悻悻而返。既然如今有机会去见爱迪生，福特岂有不答应的道理！

几天之后，福特陪着亚历山大·道登上了开往纽约的列车。爱迪生照明公司的年会是在纽约著名的长岛东方旅馆举行的。简短的开幕式之后，人们来到宴会厅。亚历山大拉着福特，端着酒杯穿梭在人群中寻找爱迪生。突然，他轻轻碰了一下福特，用端着酒杯的手指着不远处的一堆人，低声道：

"亨利，快看！中间的那一位就是爱迪生先生！"

福特抬眼望去，只见爱迪生正端着酒杯，面带微笑地站在众人的中间。这位人类历史上最伟大的发明家之一，一生带给人类近千项伟大的发明。他有着一个高高的、充满智慧的额头和一双深邃的眼睛。福特看得着了迷，竟然忘记上前去打招呼了。直到亚历山大·道拉着他来到爱迪生的面前，他才从惊愕中醒过来。

原来，众人正在讨论动力机车的话题。爱迪生的耳朵有些背，众人的声音很大，有时还夹杂着一些手势。过了一会儿，爱迪生大声说道：

"这是一个好主意，我也在从事这方面的研究。我打算用一组或更多组的蓄电池来作为汽车的动力，制造电动车。"

这时，亚历山大把福特推到爱迪生面前，大声说：

"托马斯，我们这位年轻的伙计已经造出一辆用汽油驱动的车了！"

爱迪生看了看福特，很感兴趣地问道：

"是吗？伙计，那是一辆什么样的车？"

福特望着爱迪生那双闪烁着智慧的眼睛，紧张地向他介绍起了自己的"一号车"。为了能更好地让爱迪生明白自己的意思，他还拿出笔记本，用一支铅笔飞快地画出了几幅草图。

爱迪生非常仔细地看着这些草图，把手放在耳朵上，认真地听着福特的讲解。听完福特的介绍后，他高声问道：

"点火装置是爆发式的，还是接触式的？"

这个问题是汽油发动机的关键所在。福特知道爱迪生是真正的行家，只得如实回答说：

"我是试着用半接触方式实验的。本来是用活塞的移动来调整开关，但现在我正在考虑采用其他方式。"

爱迪生又问道：

"是四冲程的吧？"

福特用力点了点头。爱迪生赞许地看着他，朗声道：

"你的想法是对的，年轻人，继续干下去吧，千万别放弃！"

接着，这位伟大的发明家又转向众人，牵着福特的手臂宣布说：

"这种车比电车更优越，因为它能够给自己提供动力。"

酒会结束后，正式的宴会开始了。爱迪生拉着福特，在一张桌子边上坐了下来，又兴致勃勃地与他讨论起汽车的话题。

爱迪生是个很有意思的人。他一旦做起实验来，可以几天几夜不睡觉，但在其他时候，他差不多有50%的时间都在打瞌睡。但那天与福特讨论汽车时，他竟然连眼睛都没有眨一下。

福特也很兴奋，还有什么能比爱迪生的赞赏更让他振奋和激动的呢？这次会面是亨利和爱迪生的第一次接触，也是他们伟大友谊的良好开端。在此后的岁月里，他们几乎成了无话不说的好朋友。

（三）

从纽约回到底特律之后，福特似乎完全变了一个人。他雄心再起，立刻着手制造"二号车"。此时，威廉听说儿子制造的汽车受到爱迪生的赞扬，也改变了对儿子的态度。他曾通过克拉拉向福特表示，他愿意出资赞助汽车制造，但倔强的福特毫不犹豫地拒绝了父亲。他宁愿依赖梅伯里市长的赞助，也不要父亲的钱。

1898年夏季，福特小组研制的"二号车"终于亮相了。"二号车"仍然不改"一号车"大众化、轻便化的一贯目标，只是比"一号车"稍大一些，发动机上也加了一层覆盖物。如此一来，"二号车"不仅比"一号车"更牢固，发动机的噪音也小了很多。

"二号车"造好之后，福特曾载着梅伯里市长到郊外兜风。这个好心的老人兴奋得像个孩子一样，不停地建议福特将它投入规模化生产。福特不好意思地回答说：

"市长先生，我也有这个想法，但我根本没有足够的财力。"

有一天，梅伯里市长带着一位朋友来见福特，福特热情地接待了他们。梅伯里指着身边那位工程师模样的中年男人对福特说：

"这位是前来底特律市考察汽车业发展情况的哈宁顿先生。"

哈宁顿是杜里埃兄弟的朋友，当时正和查尔斯·杜里埃一起讨论如何规模化生产汽车的问题。福特立即握着他的双手，朗声道：

"你好，哈宁顿先生！久闻您的大名，查里斯·杜里埃先生好吗？"

哈宁顿用力握了握福特的手，回答说：

"你好，福特先生！我一到这里，梅伯里先生就把你的事情告诉了我，让我看看你的汽车吧！"

福特一边滔滔不绝地介绍他的"二号车"，一边领着哈宁顿去参观他的样车。哈宁顿则向他介绍了美国汽车行业的发展情况。

当时，美国的汽车生产技术已经基本成熟，不少自行车和马车制造商已经转向汽车生产。在这些人当中，有杜兰、费希尔七兄弟、约翰·威里斯、梅茨格、查尔斯·杜里埃、巴尼·奥德弗和道奇兄弟等人。

介绍完这些情况，哈宁顿说：

"亨利，你知道吗？在发展汽车方面，全美国恐怕没有比底特律更好的城市了！"

福特点了点头，表示同意。从19世纪80年代以来，底特律就开始制造各种型号的船用发动机，已成为名副其实的引擎制造中心。此外，底特律的金属加工业和制造业也十分发达，还有大量熟悉蒸汽机和各种内燃机的技师和工人。而这些，都是发展汽车工业必不可少的条件。

众人边走边聊，很快就来到了福特停放"二号车"的车库。哈宁顿戴上眼镜，认真地观察起来。"二号车"有着高高的车轮、豪华的双人座位、铜制的车灯和用来挡泥的脚踏板，总体上已经非常接近今天的汽车了。哈宁顿赞叹道：

"汽车在设计方面是非常出色的，火花塞很先进，冷却箱的设计也很有特点，汽化器非常独特，车上的仪表很齐全，每个零件都精工细做，独具匠心……这种车看起来可以在任何道路上行驶，不逊色于我们国家制造的其他任何一种车……"

（四）

自从这次与哈宁顿见面之后，福特将"二号车"投入规模化生产的愿望就更加强烈了。梅伯里市长也在积极帮助他寻找机会。1899年7月的一天，底特律著名的木材商威廉·墨菲来到梅伯里市长的家里。

跟福特和梅伯里一样，墨菲也是爱尔兰移民的后裔。作为一名热心公益的商人，墨菲对底特律的消防事业作出了很大的贡献。不久前，他还出钱为市消防队购置了一批蒸汽动力的消防机车。

寒暄过后，墨菲直截了当地说：

"市长先生，我最近对新出现的汽车很有兴趣。如果有机会的话，我想投资生产这种新奇的家伙。"

梅伯里市长立即顺水推舟地说：

"你知道亨利·福特吗？"

墨菲回答说：

"我知道他，底特律人把他称作'疯狂的亨利'。不过，我喜欢他的做事风格，更加喜欢他造的汽车。"

梅伯里市长趁机说：

"亨利正打算将他的汽车投入生产，你何不跟他合作呢？"

墨菲兴奋地说：

"这真是一个好主意。"

几天后，墨菲便在梅伯里市长的介绍下结识了福特。经过一番商谈之后，墨菲对福特说：

"如果你能把你的车开到法明顿，然后再经由庞蒂亚克开回来，而你的车在这90千米的路途中不发生任何问题的话，我一定会认真考虑你的想法。"

福特兴奋地喊道：

"你说的是真的吗？放心吧，我的车一定不会令你失望的！"

几天后，福特调试好"二号车"，准备出发了。墨菲仔细看了车内仪表盘上的各项数字，然后兴奋地坐到福特的旁边，朗声道：

"开始吧！"

最终，福特驾驶的"二号车"顺利地通过了墨菲的考验。回到底特律之后，墨菲满脸笑容地说：

"好吧，年轻人，现在就让我们办个公司吧！"

在威廉·墨菲和梅伯里市长的热心张罗下，底特律汽车公司于1899年8月5日在卡斯大街1343号正式成立了，注册资金为15万美元。除了梅伯里市长和墨菲之外，底特律大部分有钱人都成了该公司的股东，其中包括种子大王德克斯特·弗利、参议员托马斯·帕尔默、底特律经纪业大亨弗利德里克·奥斯本、实业家弗兰克·伍德曼·埃迪，以及在航运、铁路、银行、保险等行业都有产业的大商人詹姆斯兄弟和休·麦克米伦。福特虽然没有出资，但凭借其精湛的技术，理所当然地被聘任为公司的机械主管和总工程师，并获得了相应的股份。

第二天，福特便向亚历山大·道提交了辞职申请，正式离开了他工作7年之久的爱迪生照明公司。这一年，他36岁。离开公司之前，福特找到曾经与他共同试制新车的几个伙伴，问他们是否愿意跟他一起离开公司去新的工作岗位工作。

卡特、毕休普等人对此顾虑重重，并最终拒绝了福特的邀请。只有年轻的爱德华·哈弗同意跟他到底特律汽车公司工作。不久之后，他又从费希尔兄弟公司挖来了年轻的弗利德里克·斯特劳斯。就这样，底特律汽车公司有了包括福特在内的3名工程师。

公司成立伊始，各方面的条件都非常简陋。当福特带着斯特劳斯和哈弗走进车间之时，只见车间空空荡荡，空地的中间只摆放着一台发动机和一台锅炉。除此之外，对他们的工作有帮助的恐怕就是那捆乱七八糟的电线了。

可以说，底特律汽车从一开始就注定了失败的命运，因为它的股东远比工程师要多，而且设备条件也远没有福特预想中的好。

福特一生最崇拜的人是爱迪生，但也拿他开过玩笑。福特第一次见到爱迪生时，就和他开了一个小小的玩笑。据说爱迪生走到哪里，就把瞌睡打到哪里。当福特看到正在旅馆大厅中打瞌睡的爱迪生时，便用相机记录下了这一有趣的瞬间。这张有趣的照片至今仍被保存在迪尔伯恩的福特纪念馆中。

第八章　建立自己的汽车王国

把大事化小，凡事做起来都会很容易。

——亨利·福特

（一）

在底特律汽车公司成立的同一时间，兰塞姆·沃尔兹和亨利·利兰也合伙在底特律成立了沃尔兹汽车公司，专门生产大众化、轻便型的汽车。这两位汽车制造行业的天才有机地将规模化和标准化结合在一起，很快就在市场上推出了"快乐的沃尔兹"牌汽车，并投入了批量生产。由于沃尔兹与利兰在汽车工业发展过程中所作的贡献，后人分别将他们称为美国汽车的"批量生产之父"和"标准化之父"。

然而，福特在此时却抛弃他曾经确定的"成本低、质量好、产量高、价格便宜"的原则，走向了另外一个极端。在梅伯里的努力下，底特律汽车公司刚刚成立便接到了一笔订单——生产4辆邮车。按照规定，这些车应该在当年的10月底交货，但直到当年的11月，福特连一辆车也没有生产出来。

由于缺乏批量化生产的经验，福特带领工人在车间里没日没夜地干着，结果却错误百出，以至于他不得不经常改变设计方案。供应商们的表现也不甚理想，不是送来的零件尺寸不对，就是交货日期延迟。

有人指出，福特这次失败的主要原因是他的思维还没有摆脱手工制作的窠臼。他只是作为一个发明家在接受别人的订货，而不是作为生产商去生产汽车。公司的管理层发现了福特所犯的错误，但固执的福特却根本听不进任何人的劝告。

直到1900年1月，底特律汽车公司的第一辆汽车才正式诞生。这辆汽车延续了"二号车"的风格，有着高贵的样式和豪华的装饰，可乘坐一名驾驶员和一名乘客。

在揭幕典礼上，许多记者慕名而来，准备大书特书。但他们很快发现，这辆车简直可以用"平淡无奇"来形容。与当时美国其他公司生产的汽车相比，这辆豪华的汽车无论在外观上，还是在价格上，都没有什么竞争力。

但福特根本没有意识到这一点，他毫不谦虚地向记者们夸耀，他的汽车是美国乃至全世界最先进的汽车。他甚至信心十足地指着路边的马车店，笑着对记者说：

"这下子他的生意要糟糕了。"

事实很快证明，生意糟糕的不是路边的马车店，而是神采飞扬的福特和他的底特律汽车公司。样车虽然制造出来了，但由于昂贵的价格和漫长的生产周期，底特律汽车公司连一张订单都没有收到。那辆豪华的样车也没能卖出去，最后不得不送给市邮局作为邮车使用。

公司的管理层和股东强烈要求福特采用新的生产流程和生产思路，把大批生产和销售汽车作为公司的经营原则。但固执的福特坚持认为，高速、豪华、舒适才是汽车的发展方向，不然它将变得与马车无异。

很快，福特与股东们的矛盾激化了。消沉的福特干脆躲起来，常常一个人跑到郊外的树林里散步，不再去公司上班。1900年11月，福特离开了底特律汽车公司。不久，这家短命的公司也宣告破产，总共损失达9万美元。

具有讽刺意味的是，在福特遭遇失败之时，美国的其他汽车生产商却取得了巨大的成就。美国的汽车年产量已达3.4万辆，其中约有三分之一是以汽油为动力的新型汽车。

在1900年的汽车大赛上，来自芝加哥的汽车大亨亚历山大·温顿驾驶的汽车以每小时60千米的速度独占鳌头，成为美国汽车制造业的骄子和舆论界的英雄。底特律也成为汽车销售的天堂。

除了"快乐的沃尔兹"之外，亨利·利兰离开沃尔兹汽车公司后生产的凯迪拉克牌汽车也很受大资本家的欢迎。时任美国总统的西奥多·罗斯福在这一年的阅兵式也坐上了汽车，成为美国历史上第一位乘坐汽车的总统。

（二）

遭遇失败之后，福特变得消沉起来，他曾不止一次地对克拉拉说：

"今年是新世纪的第一年，可我的运气却是这样差！"

克拉拉只能安慰他说：

"亨利，你错了。1900年是19世纪的最后一年；明年才是新世纪的开始。我相信，你的厄运会在19世纪的最后一年烟消云散的。"

福特知道妻子是在安慰自己，但还是半信半疑地问道：

"真是这样吗？"

克拉拉乐观地说：

"当然！年初报纸上还专门讨论过这个问题呢！大多数人都认为明年才是新世纪的开端。亲爱的，坏运气到了头就是好运的开始，明年你一定会成功的。"

虽然底特律汽车公司遭遇厄运，但威廉·墨菲依然十分看好汽车行业。底特律汽车公司倒闭所造成的9万美元损失对他来说根本算不了什么。他认为，福特设计制造汽车本身是无可挑剔的，失败的原因主要是没能适应市场的需求。他还从中发现了另外一个商机，即研究功率大、速度快、装饰豪华的高性能赛车。

当时，赛车几乎已经取代赛马，成为富人们中的新的娱乐方式，一年一度的汽车节也已经成为美国的盛典。男人们一边喝着啤酒，一边为自己心仪的赛车下注；女人们则在观众席上静静地观看惊险、刺激的比赛，并借此结交新朋友。

汽车节也成为汽车制造商宣传产品的最佳场所。1900年的汽车节，兰赛姆·沃尔兹便委托一名代理商驾驶一辆"快乐的沃尔兹"牌汽车参加比赛，并取得了极大的成功。结果，这种汽车立即成为大众的宠儿，订单如雪片般向沃尔兹汽车公司飞来。

福特想，他的高性能汽车虽然无法成为大众的宠儿，但至少可以满足追求时髦的富人的需求。恰巧，退休的著名自行车比赛冠军、家境富有的汤姆·库珀，才华出众的青年制图家兼工程师哈罗德·威利斯，在这一时期走进了福特的视野，他们极力怂恿他制造出一辆高性能的赛车来。

就这样，在墨菲、库珀和威利斯等人的支持下，福特很快便制成了一种大马力的竞赛汽车。1901年4月10日，福特驾驶着他的赛车邀请墨菲到郊区兜风。在路上，墨菲向亨利提出了参加将在秋天举行的年度汽车大赛的设想。他说：

"罗得岛汽车节现在已经成为新闻媒介的一个焦点，你是否考虑过去一显身手？"

福特没有说话，只是加快了车速，黑色的赛车发出一声低沉的吼声，向远方的丛林驶去。等车子停下来的时候，他才一字一顿地反问道：

"你认为我的这辆汽车能否在比赛中取胜呢？"

墨菲手舞足蹈地回答说：

"亨利，它简直棒极了！我想，整个美国再也找不出比它更快的汽车了！"

1901年9月6日，新上任的美国总统麦金莱遇刺身亡，原定于9月中旬举办的汽车节被推迟到10月10日。10月10日这天，底特律郊外的葛罗斯·波音特赛场上挤满了数百辆来自全国各地赛车，其中大部分是蒸汽动力汽车和电动车。

比赛总共分为4场。在第一场8千米的蒸汽车比赛中，来自俄亥俄州的选手获得了胜利；第二场是电动车比赛，由于速度太慢，观众们几乎没有注意到它；第三场和第四场比赛均为汽油动力车比赛。第三场的压轴比赛是1.6千米的短距离比赛，由于距离太短，福特的赛车没能发挥优势，结果落在了最后。

现在只剩下最后一场16千米的长距离比赛了。比赛距离原定为40千米，但因前面的比赛耽误了时间，不得不临时改为16千米。尽管如此，比赛依然十分精彩。

随着信号枪发出"砰"的一声巨响，比赛开始了。参加比赛的一共有3个人，其中芝加哥的汽车大亨亚历山大·温顿和福特是夺冠的热门人物，因为另外一名选手在比赛刚开始没多久就因发动机漏油而退出了。

开始时，温顿的车速很快，没过几分钟便将福特甩在后面。经验丰富的温顿在拐弯时操纵方向盘的技术十分巧妙，毫不费力地拐过了几近直角的弯道，而福特则在转弯时连连遭遇失误。

稍稍适应之后，福特开始加速，全力追赶温顿。就在这时，温顿的车突然发生了故障。那辆豪华的赛车先是冒出淡淡的蓝烟，然后渐渐扩大成一团黑雾。福特趁机超越了他，最终以13分23秒的成绩摘得冠军的桂冠，并获得了1000美元的奖金。

（三）

汽车节结束后不久，威廉·墨菲就联合几名企业家投资设立了一家新的汽车公司——福特汽车公司。新公司之所以叫这个名字，主要是因为在比赛中获胜的福特已经成为底特律乃至整个美国家喻户晓的英雄了。不仅底特律，全美国的富商和头面人物都纷纷向福特抛来橄榄枝，希望与他合作。

不过，对墨菲感恩戴德的福特最终还是选择了威廉·墨菲。不幸的是，福特再一次与公司的股东们在生产何种型号的汽车上产生了矛盾。董事会希望他能生产一种大众化、轻便型的汽车，他却着了魔似的把时间和精力都花在一种根本无法销售的大马力赛车上。

威廉·墨菲气坏了，立即召开董事会谴责福特。福特再一次固执地认为，自己的汽车是无可挑剔的，因此拒绝了公司董事会的要求。

为了避免重蹈覆辙，墨菲决定让福特退出福特汽车公司，请来著名汽车设计师亨利·利兰担任总经理，并把福特汽车公司和利兰的凯迪拉克汽车公司合二为一，统称为凯迪拉克汽车公司。

就这样，第一家以福特的姓氏命名的汽车公司仅仅存在了几个月便消失了。福特也在获得了相应的补偿之后，灰溜溜地离开了公司。但是，这并不意味着他将停止制造赛车，他的目标是制造两辆拥有80匹马力的大型四汽缸赛车。

痴迷速度的自行车比赛冠军库珀支持福特的这一想法，因此在福特刚一离开公司，库珀就找到他，表示愿意出资资助福特继续研制高性能的赛车。

年轻的威利斯也一如既往地支持着福特。在3个人的共同努力之下，两辆高性能的赛车在几个月之后便亮相了。福特将它们称为"福特—威利斯—库珀"型赛车。试车之后，福特惊奇地发现，它们的速度甚至比预想中的还要快。

兴奋不已的福特在一辆车身上刷上了"AROW"的标志，意为"飞快的箭"；在另一辆车上刷上"999"的标志。"999"是一辆蒸汽动力的火车头编号。在芝加哥万国博览会，纽约中央火车公司曾展出过一辆编号为"999"的火车头。该火车头在当时由纽约到芝加哥只耗时18个小时，创下了一个历史性的纪录。因此一时间，"999"这组数字便成为速度的代名词。

1902年10月，一年一度的汽车节又如期举行了。赛前，在上次大赛中败给福特的温顿写来一封信，彬彬有礼地向福特发起挑战。福特明白，他在上次比赛中胜出完全是因为亚历山大·温顿的赛车出了问题。否则，他那糟糕的驾驶技术很有可能会败给温顿，因此他对库珀说：

"咱们的'999'一定能击败温顿，但我的驾驶技术太差了，上次就差点被迫退出比赛。所以，我们今年最好换一个人来开。"

库珀难为情地摸了摸自己前凸的肚子，看了看威利斯。威利斯无奈地耸了耸肩，尴尬地说：

"我的驾驶技术并不比亨利出色。"

怎么办呢？3个人你看看我，我看看你，陷入了沉默。半晌，库珀才低声说道：

"或许巴尼·奥德弗尔能帮我们的忙。"

巴尼·奥德弗尔是一名年轻的自行车运动员，比赛经验丰富，驾驶技术也不错。福特摊开双手，无奈地说：

"那我们就只能请他来帮忙了。"

幸运的是，当听说"999"汽车的功率达到惊人的80匹马力时，痴迷于速度的奥德弗尔毫不犹豫地答应了福特等人的请求。他说：

"这辆有着可怕速度的赛车也许会要我的命，但我义无反顾，勇往直前……"

结果，在8千米的比赛中，奥德弗尔驾驶着"999"赛车仅耗时5分28秒便完成了比赛，把温顿的"子弹"车甩下将近1千米的路程。这次比赛不但促使奥德弗尔从自行车比赛转入赛车这一新的领域，也为福特赢得了前所未有的荣誉。

（四）

汽车节结束一个月后，底特律著名的煤炭商人亚历山大·麦肯森找到福特，开门见山地说：

"福特先生，让我们谈谈合作的事吧！你在一年前的那次汽车大赛上的表现太引人瞩目了！你的'999'赛车在上个月获得的成功让我下定决心，非得跟你合作不可！"

麦肯森是苏格兰移民的后裔，没有任何显赫的家族背景，完全靠自己的打拼一点一滴地积累起巨额财富。福特非常敬佩像麦肯森这样美国式的传奇人物，也希望能够与麦肯森合作，所以，他试探性地问麦肯森：

"那么，我们该怎样合作呢？"

麦肯森坦诚地说：

"我听说过你跟墨菲等人的两次合作，也不想对此发表任何评论。开门见山地说，我非常钦佩你的才能，所以想跟你合作成立一家生产汽车的公司。"

福特沉默了半晌，信心十足地回答说：

"没问题。"

麦肯森点了点头，接着说：

"福特先生，你的责任就是首先要造出一辆样车，这种车必须能和现在市场上最受欢迎的凯迪拉克和沃尔兹汽车竞争。你能找到合适的人选帮助你做到这些吗？"

听完麦肯森的话，哈罗德·威利斯的名字立刻涌现在福特的脑海中。他用力点了点头，回答说：

"技术上的问题完全不成问题，我们缺乏的只是资金。"

麦肯森接过话茬说：

　　"公司的资金筹集和组织工作就交给我吧。既然是我们两人建立的公司，我想，就暂且给公司取名叫福特—麦肯森合营公司吧，等一切运转起来以后再给它起一个响亮的名字。"

　　在麦肯森的牵头下，银行家约翰·格雷、木材商阿伯特·斯特莱罗、汽车零部件生产商道奇兄弟、律师约翰·安德森和霍勒斯·拉克姆都站出来认购了新公司发行的10万美元股票。很快，福特—麦肯森合营公司便成立了。

　　但是，一直埋头于技术研究的福特这才发现，自己上了麦肯森的当。虽然他与麦肯森的股份都占25%，但在所有的股东当中，除了道奇兄弟之外，其他人均与麦肯森有着千丝万缕的联系：约翰·格雷是麦肯森的妻弟，阿伯特·斯特莱罗是他的客户，约翰·安德森和霍勒斯·拉克姆则是他的死党。聪明的福特一眼就看穿了麦肯森的把戏，他如此安排董事会，无非是想在幕后操纵和控制董事会。

　　福特虽然识破了麦肯森的诡计，但暂时还无法采取措施，因为他在财力上根本无法与麦肯森相抗衡。他打算暂时埋头于技术研究，以便打消麦肯森的顾虑，等时机成熟之时再将公司的大权揽在手中。然而，麦肯森也不是一个容易对付的人。为了大权独揽，他又从自己的煤炭公司中挑选出一名得力干将安插在新公司中，担任他的代理人。

　　麦肯森挑选了聪明的詹姆斯·库兹恩斯。库兹恩斯是加拿大人，时年31岁，个子不高，长着一张皱巴巴的胖脸和一双锐利的小眼睛，时常戴着一副金丝夹鼻眼镜。他是一个不苟言笑的人，一年四季都阴沉着脸，见不到一丝笑容，这就使得他那张皱巴巴的胖脸看起来更加狰狞。

　　俗话说："智者千虑，必有一失；愚者千虑，亦有一得。"麦肯森这次打错了如意算盘。从表面上看，这名其貌不扬的管理天才对麦肯森千依百顺，但库兹恩斯却是一个很有主意的人。福特从侧面了解到这些情况之后，便打算先拉拢与麦肯森貌合神离的库兹恩斯。

　　1903年6月13日晚，福特—麦肯森合营公司召开了第一次股东大会。大会选举了第一届董事会，成员分别为董事长约翰·格雷、约翰·安德森、约翰·道奇、亨利·福特和亚历山大·麦肯森。公司的组织管理机构也宣告成立，由格雷任公司总裁，福特任副总裁兼总经理，麦肯森任财务主管，库兹恩斯任秘书兼商务经理。

麦肯森这位幕后老大为了让库兹恩斯全心全意地为自己卖命，当场通过约翰·格雷宣布，赠予库兹恩斯2.5%的股份，月薪208美元。麦肯森满心以为，他开出如此优越的条件，库兹恩斯绝不会背叛他的。然而事实很快就证明：他失算了。

虽然福特—麦肯森合营公司从成立的那一天开始，其内部便矛盾重重，但对福特而言，这是他人生的一次决定性的转折点，因为第二家以福特姓氏命名的公司终于成立了。这一次，福特暗下决心，不管付出什么样的代价，他都要把这家公司完全装入自己的囊中。他绝不会像前两次成立公司时一样，被董事会踢出公司。

第九章　幸运的A型车

如果你不思考未来，你便不会有未来。

——亨利·福特

（一）

董事会结束后，福特走到库兹恩斯的面前，微笑着说：

"库兹恩斯先生，让我开车送你回家吧！"

库兹恩斯看着诚恳的福特，大感意外，忙拒绝道：

"福特先生，我们的家并不在同一方向，恐怕不大方便吧！"

福特坚持道：

"无论如何，能为你效劳是我的荣幸！"

库兹恩斯的脑子里飞快地转动着，微微着点了点头，随后跟着福特走向停在公司门口的汽车。汽车缓缓开动了，库兹恩斯阴沉着脸坐在福特的旁边，一句话也不说。福特双眼注视着前方，突然说道：

"你认为我们应该向那些家伙开个什么价钱？"

库兹恩斯平静地回答说：

"月薪208美元，董事会已经做了决定。"

福特强调道：

"我说的是'我们'！"

库兹恩斯皱了皱眉头，那张胖脸立即皱作一团。他盯着福特看了几分钟，答非所问地回答道：

"麦肯森会沉不住气的，他从来就是一个见好就收的人。"

听了库兹恩斯的回答，福特的脸上不禁露出了笑容，心情也一下子变得特别愉快，因为他从库兹恩斯的回答中知道了他最关心的几件事的答案。他轻声说道：

"跟一个聪明人谈话永远都是一件轻松愉快的事。"

回到家之后，福特的心情再次变得阴郁起来。他想起了与他一起设计、制造"999"赛车的哈罗德·威利斯。当初他们齐心合作，造出使福特名扬天下的"999"赛车；而新公司成立时，麦肯森却故意将威利斯排除出董事会。麦肯森的用意十分明显，他想斩断福特的左膀右臂，进一步孤立福特。

第二天一早，福特便驱车来到威利斯家，吞吞吐吐地把新公司的组织结构告诉了他。威利斯坐在沙发上，静静地听着。福特说完之后，威利斯站了起来，安慰福特说：

"亨利，没关系，你不必为我的事情再去向麦肯森低头。你知道，我多想咱们俩继续合作，可是既然那帮人不能容我，那就算了。"

福特继续说：

"威利斯，我请求你暂时不要离开。你知道，我需要你的帮助。如果你相信我这个朋友，我们订一个君子协定，到年终分红的时候，我一定会把我的红利按着你希望的比例分给你的。"

威利斯是一个很重感情的人，他见福特如此诚心地挽留自己，很受感动。过了一会儿，他一边打开抽屉，一边说：

"亨利，新公司成立了，我为你准备了一份小小的礼物。"

福特接过威利斯递过来的稿纸，展开一看，只见上面是一个用蓝色墨水画成的椭圆形，中间是模仿福特的签名设计的"Ford"的字样。

福特惊讶地喊道：

"天呐！这简直太完美了！"

威利斯微笑着说：

"这是我为公司今后的产品设计的标记。我想，你的姓氏不久后就会随着公司的产品传遍世界的每一个角落。"

福特用力握住威利斯的手，连声道：

"谢谢，谢谢，谢谢你威利斯！"

当福特载着威利斯来到公司时，他听到了一个更大的好消息：他们申办公司的法律文件正式得到批准，而且公司的名字也最终被确定为福特汽车公司。

这个名字可比原先的名字响亮多了，而且听起来更像是亨利·福特一个人的公司。

（二）

福特公司成立不久之后，福特和威利斯就利用设计"999"赛车的经验制造出了新的样车。这是一种大马力、双缸实用型的赛车。看着面前的这个"新生儿"，威利斯兴奋地说：

"福特，它还没有名字呢，快给它取个名字吧！"

福特想也不想，脱口而出：

"就叫它'A'型车吧！"

威利斯微笑着点了点头。原来福特早就想好了，按照字母表的顺序来给公司生产的汽车命名。"A"型车是福特汽车公司的第一批产品，也是福特有生以来设计的第一个实现批量化生产的车型。

由于约翰·格雷大部分时间都在管理他的银行，麦肯森全心扑在他的煤炭生意上，福特则和威利斯整天忙于设计车型、绘制图纸，福特公司的管理事务几乎全部落在了库兹恩斯的身上。事实证明，福特当初没有看错人。库兹恩斯整天穿着一身笔挺的灰色西装，面无表情地在工厂中来回巡视，用他那双锐利的小眼睛查看着产品从设计到生产的每一个细节。

当时，福特公司的零部件大多是由道奇公司提供的。道奇兄弟脾气暴躁，动不动就用暴力来解决问题。有一次，兄弟俩在酒吧喝酒，一个伙计无意间得罪了他们，兄弟俩居然同时拔出了手枪。不过，他们生产的汽车零部件在业界却享有良好的口碑。沃尔兹汽车公司生产的"快乐的沃尔兹"牌小汽车便是由他们提供的零部件。

尽管如此，库兹恩斯对道奇兄弟的产品依然不放心。对道奇公司送来的每一批产品，库兹恩斯都会严格检查，有时甚至达到苛刻的程度。有好几次，脾气暴躁的道奇兄弟几乎要和他动起手来。但无论道奇兄弟如何威胁，库兹恩斯总是不露声色，决不让步。

正是在库兹恩斯的监督下，福特公司才有条不紊地运转着，第一批产品很快就生产出来。库兹恩斯的苛刻也使他在工人中间得到了一个十分不雅的绰号——狗。有意思的是，库兹恩斯知道自己其貌不扬，竟然坦然地接受了这一绰号。

然而，不管是痛恨库兹恩斯的人，还是喜欢他的人都明白，由他来管理公司确实是公司的福气。包括福特在内的公司高层都一致认为，在底特律城恐怕再也找不出第二个像库兹恩斯一样称职的人了。

1903年7月15日，福特公司卖出了第一辆"A"型车，售价850美元，净利润150美元。买主是一位名叫芬尼格的芝加哥牙科医生。

芬尼格的订单抵达之后，全公司的人都兴奋不已。一向沉着冷静的库兹恩斯在登记客户的姓名时，兴奋得一时竟不知道该如何下笔，以致将芬尼格写成了芬宁。

在生产车间里，福特和威利斯也一边拿着绒布，把早已组装完成的几辆"A"型车擦得油光锃亮，一边轻松地吹着口哨。

随着芬尼格的订单一起寄来的还有一张由芝加哥特鲁斯特和萨文格斯银行出具的850美元的汇票。尽管只是区区的850美元，但这却是公司的第一笔收入，标志着福特公司已经开始运转了。

芬尼格医生的订单为福特公司带来了好运。不久，全国各地的订单便像雪片一样纷纷落到库兹恩斯的办公桌上。麦肯森欢喜得合不拢嘴；而身材肥胖的董事长格雷也兴奋得忘记了医生的嘱咐，暴饮暴食了好几天，以至于病倒在床上；脾气暴躁的道奇兄弟也不再抱怨福特公司经常拖欠货款的事了。

没多久，福特公司原来租赁的两层楼厂房便无法满足扩大再生产的需要了。董事会毫不犹豫地作出决定：在两层厂房上再加盖一层，作为扩大生产的车间。

（三）

价格相对低廉的"A"型车取得成功之后，福特突然意识到，他前两次失败的主要原因是在设计汽车的时候没有充分考虑到消费者的购买力。因此，福特打算生产一种成本低、质量好，而价格更加便宜的汽车。

11月6日是埃德塞10岁的生日。福特十分疼爱埃德塞，尽管他的性格有些懦弱。平日里，只要埃德塞出现在身边，无论有多忙，福特都会放下手头的工作，陪他玩一会儿。这天下班后，福特走向市中心的商店，准备给儿子买一件生日礼物。

在浓浓的秋意中，底特律的傍晚已经能觉出一丝寒意了，但深秋季节的萧条并没有掩盖住底特律的繁华与热闹。大街上人潮汹涌，马车、自行车和汽车穿梭不停，熙熙攘攘，好不热闹。福特特别留意了一下不时从身边驶过的汽车，牌子五花八门，车型也各有特色，其中最多的要数沃尔兹公司生产的"快乐的沃尔兹"牌汽车了。

突然，福特听到一个工人模样的青年对他的伙伴说：

"瞧那辆汽车，多神气！"

青年人的伙伴回答说：

　　"我敢向上帝发誓，马车很快就要退出历史舞台了，未来的交通工具一定是汽车。可是，我们要到什么时候才能拥有一辆属于自己的汽车呢？它是如此昂贵，除了富人，又有多少人能买得起呢？"

　　这两名青年工人的对话引起了福特的深思。当时，工人和农民是美国社会的主要阶层，他们的消费水平十分有限。只有降低汽车的生产成本和销售价格，才能更广泛地刺激社会购买力，扩大汽车的销量，从而实现巨额利润。

　　从此之后，福特便开始着手设计价格低廉的轻便车。然而，麦肯森和格雷在这一点上却与他产生了分歧。由于单车利润低，麦肯森等人根本不屑于生产轻便型汽车。在麦肯森等人的压力下，福特不得不着手设计速度更高、装饰更豪华、价格更昂贵的"B"型车。

　　一天，福特正在认真工作，库兹恩斯轻轻走了过来，不声不响地递给他一张纸。福特接过来一看，只见上面画着一辆"A"型车，在车的旁边写着这样一段话：

　　　　生产适用于公众日常生活的各种汽车是本公司的唯一宗旨。请看，它坚固耐用、举世无双，有着无与伦比的速度……无论在陡坡还是泥泞中均通行无阻。这种大马力双缸汽车的设计者就是那辆创造了世界纪录的"999"赛车的发明天才……

　　福特不耐烦地将纸丢在一旁，大声说：
　　这算什么广告？作为一种谋求在公众中打开销路的汽车，我们应该在广告中强调它的广泛实用性，而不是强调速度或其他什么。"
　　库兹恩斯阴沉着脸，半晌才说道：
　　"我理解你的想法。要知道，我已经尽量按你的思路做了改动，特别是广告的前几句。如果按格雷先生或麦肯森先生的意思，这篇广告会充满诸如豪华、气派、速度等字眼，甚至会撒谎说'A'型车是一辆赛车。"
　　福特皱了皱眉头，把他新设计的"B"型车图纸扔在库兹恩斯的面前，愤愤地说：

"赛车、高档车、豪华车！能有几个人买得起？你看，这就是我们的银行家和理财专家让我设计的'B'型车，发动机有4个汽缸，功率至少是'A'型车的一倍以上……"

库兹恩斯拣起图纸，一边看，一边默默地计算着。几分钟后，他的那张圆脸皱成了一团，然后用低沉地声音说道：

"'B'型车的成本至少超过了1500美元。"

第二天，福特便与麦肯森进行了一场激烈的争论。福特坚持认为，公司应当生产轻便型的大众化汽车，而不是高档车，尤其是大马力的赛车。麦肯森一方面搬出董事会的牌子来压福特，另一方面也做出了必要的让步。

经过讨价还价，两人决定除了新设计的"B"型高档豪华四缸车外，福特还要再为公司设计一款高档旅游车。但福特也可以按照自己的意愿，在接下来设计一种轻便型的大众化汽车——"C"型车。

（四）

一切都不出福特所料，"B"型车生产出来后，几乎全部积压在仓库里。豪华的"B"型车在当时看来确实是最先进的汽车，但它的售价太高了，竟然高达2000美元。要知道，一名普通工人即使不吃不喝，也要四五年的时间才能存够2000美元。所以，"B"型车生产出来两个月过去了，前来订购的顾客依然寥寥无几。

麦肯森等人坐不住了。这位理财与经营专家不得不在宣传上动起了脑筋。1904年的新年刚刚过去，麦肯森便对福特说：

"亨利，'B'型车积压得太多了，我们不得不想办法宣传一下它的优势。"

接着，麦肯森告诉福特，他准备以公司的名义在圣克莱尔湖的冰面上举行一次福特汽车的促销活动。具体内容暂时定为：由"B"型车的设计者福特亲自驾车在冰面上完成1.6千米的冲刺。

听完麦肯森的介绍，福特皱了皱眉，小声嘀咕道：

"天呐！这会要了我的命的！"

麦肯森狡黠地说：

"我想由你这位伟大的设计者来完成表演的话，肯定会产生轰动效应。你知道，到时候我们会请很多记者和名人来参观的，他们都会帮我们宣传。"

福特无奈地点了点头，答应了麦肯森的要求。

几天后，表演开始了。福特公司事先已经请人在圣克莱尔湖的冰面上用炉灰渣和煤粉铺出了一条长1.6千米的笔直赛道。当福特驾驶着和大名鼎鼎的"999"汽车同时制作出来的"AROW"赛车抵达圣克莱尔湖的冰面上时，新闻记者、各界名流和底特律的普通市民已经将湖岸围得水泄不通了。

克拉拉和埃德塞也来了。不过，克拉拉和儿子可不是来看热闹的，他们实在太担心福特的安危了。

克拉拉知道，这次表演不同往日的比赛。比赛有胜有负，而这次却是只许胜不许败的冲刺。如果失败了，福特和他的汽车公司很有可能会因此名誉扫地，从而在激烈的市场竞争中败下阵来。在前一天晚上，福特就曾忧心忡忡地对妻子说：

"这次活动对我来说难度太大了！如果能获得胜利，那对我、对公司都非常重要；但如果失败了，后果将不堪设想。"

克拉拉也担忧地嘱咐丈夫道：

"亨利，你答应我，要是这次一切顺利，你今后就再也不要参加这种活动了，好吗？"

福特点了点头，低声说道：

"我答应你，只是明天你和埃德塞都不要去。如果看到你们，我会更紧张的。就让我去赌一赌吧，如果我顺利闯过这一关，就再也没有什么能挡住我了。"

克拉拉虽然答应福特不带埃德塞去观看表演，但她还是去了。她裹着大衣，领着埃德塞挤在人群里，焦急地望着冰面上的赛道。福特正在仔细检查赛道的情况，没有发现他们。冰面很厚，赛道也铺设得很好。但是，他发现冰面上有一些裂痕，他不敢保证高速行驶的汽车不会震开这些破裂。

福特向威利斯招了招手。威利斯跑过来，福特大声说道：

"威利斯，这里有一些裂缝。我想，我们应该把炉渣和煤屑再铺厚一点儿。"

威利斯点了点头，立即吩咐工人运来了更多的炉渣和煤屑，加厚了赛道。

表演就要开始了。福特发现他还需要一个人压住油门踏板，以防马力加到最大值后出现节流杆被卡死的情况。福特公司的一名名叫埃德·哈弗的年轻雇员自告奋勇地站了出来。

福特发动了汽车，计时员随即打了一个开始的手势。福特对埃德·哈弗点了点头。埃德·哈弗会意，立即将油门踏板压了下去。"AROW""嗖——"地向赛道另一端窜了出去，车速瞬间便升了上去。观众们都屏住呼吸，紧张地看着。

福特驾驶着汽车跑完全程后，计时员大声地喊道：

"39秒4！"

观众们沸腾了！人们叽叽喳喳地议论道：

"天呐，时速已经达到了145千米，这可是一项新的世界纪录啊！"

当观众们为世界新纪录的诞生而欢呼雀跃之时，福特却被吓坏了。过了好大一会儿，他才在人们的欢呼声中面色苍白地钻出汽车。他的双手和双腿不停地颤抖着，喃喃自语道：

"天呐，我竟然还活着！"

　　福特是一个大男子主义十足的人。他认为，女性的"真正职业是结婚，建立家庭，料理家务"，而不是到工厂做工。因此，他于1914年实行5美元工作日制之时，其中并不包括女工。直到多年之后，福特工厂的女工们才挣到令人羡慕的5美元日薪。

第十章　挑战麦肯森

除了赚钱还是赚钱的生意，不是好的生意。

——亨利·福特

（一）

福特的表演成功了，福特公司的知名度也迅速有了很大的提高。在随后的几个月里，不但那些积压的"B"型车顺利卖了出去，就连随后设计制造出来的"C"型车也广受欢迎，虽然这款车与"A"型车相比几乎没什么改进，价格也只不过便宜了50美元。

销量大幅提升之后，福特公司的高层们便开始考虑扩大生产规模的事情了。1904年4月，福特公司得到许可，在底特律北区的皮奎特路和波比安街的交界处开始兴建新厂房。

5月底，福特公司第一次给股东们发了分红。截止到当月，福特汽车公司总共售出汽车658台，盈利98851美元。这就意味着，公司成立不到一年的时间，股东们就收回了所有的成本，还得到了一个正蒸蒸日上的汽车公司。道奇兄弟开玩笑地说：

"这么快的发财速度，恐怕只有走路捡金子才能比得上。"

在此后一段时间，福特变得更加忙碌了。福特汽车公司又相继推出了"F"型汽车（没有"D"、"E"型车，其原因至今不得而知）。但在公司的发展方向上，公司高层再次出现两种截然相反的意见：以麦肯森和道奇兄弟为首的股东认为公司应尽快设计并生产出更加高档的汽车，尽快占领高端市场。他们甚至没有跟福特商量，就把安装有六缸发动机的超级豪华型旅游车列为"K"型车。

得知这一情况后，福特立即找来库兹恩斯，开门见山地说：

"我看到该摊牌的时候了！我们应该提出面向大众的廉价车战略，这帮家伙这样干下去会毁了公司的。"

库兹恩斯沉思了半晌，缓缓地说：

"福特先生，我认为你的观点是正确的。到目前为止，即使是最便宜的'C'型车也要比沃尔兹公司的同类车贵150美元左右。但我们如何说服他们呢？我们也没有办法与他们抗衡。你知道，到目前为止，我们的公司不过是一个装配车间而已，我们使用的所有零配件都是由道奇兄弟提供的。"

福特沉思了半晌，斩钉截铁地说：

"这种局面必须改变！"

库兹恩斯站了起来，不动声色地说：

"那好吧！虽然现在就摊牌为时过早，但值得一试！"

说着，库兹恩斯便向福特提出了一套与麦肯森等人相抗衡的方案。

在6月举行的董事会上，福特向麦肯森发起了挑战。他在发言中明确提出，公司应该生产面向大众的廉价车，而不是面向高端市场的旅游车。

他的话刚说完，股东们便议论开了。麦肯森气得脸色发青，连连暗示身为董事长的约翰·格雷站出来反对福特的意见。但约翰·格雷大病未愈，脸色苍白，根本不愿意与福特争论。

最后，约翰·道奇、约翰·安德森和霍勒斯·拉克姆站了出来，公开表示支持麦肯森。麦肯森得意地看了看福特，又将目光转向了库兹恩斯，等待着他给福特"最后一击"。

库兹恩斯面无表情地站起来，先列了一系列数据，然后才缓缓地说道：

"我认为，如果单纯地生产多汽缸、大功率的豪华旅游车和赛车的话，公司肯定会很快遭遇厄运的。所以，我支持福特先生的意见。"

麦肯森指着库兹恩斯，铁青着脸道：

"你，你……"

库兹恩斯不等他说完，便抢先道：

"我认为福特先生的意见代表了未来汽车行业发展的方向。如果诸位一意孤行的话，厄运很快就会向我们招手的。"

经过了一番唇枪舌剑、大喊大叫之后，董事长约翰·格雷作出了貌似公正的裁决：公司在1905—1906年度按照麦肯森等大多数股东的意见生产高档豪华型赛车和旅游车，而福特和威利斯则可以继续研究价格低廉的大众车。如果豪华车型在当年的销售状况不好的话，公司将从下一年度按照福特的设想大规模生产廉价车。

会议快要结束时，福特又根据库兹恩斯的建议突然宣布，他准备以10万美元作资金，成立一家名为"福特汽车制造公司"的企业，扩大企业规模，更好地为福特汽车公司提供零部件。

道奇兄弟没想到福特会突然对他们发起攻击，而且理由也是如此名正言顺，一时竟然不知道该如何还击。麦肯森气急败坏地站起来，胡乱地指责了福特一通，随后宣布，如果福特成立"福特汽车制造公司"的话，他将另外成立一家完全属于自己的汽车公司。

就这样，这次董事会在一团混乱中结束了。

（二）

正当福特联合库兹恩斯取得初步胜利之时，他的父亲威廉悄然去世了。虽然父子间的关系一直都很紧张，但父亲突然辞世的消息对福特的打击依然很大。威廉没能看到曾被他视为不务正业的机械研究在福特的努力下开花结果。后来，福特曾不止一次地对克拉拉和朋友们说：

"我唯一遗憾的就是我的父亲没能看见后来在我身上发生的一切。"

料理完父亲的后事之后，福特几乎将所有的精力都用在公司上。他下定决心，无论如何都要把以自己的姓氏命名的公司牢牢地掌握在自己手中。为此，他和库兹恩斯积极谋划方案，等待良机。

1905年11月，福特终于等到了这个机会：当初以5000美元入股的阿伯特·斯特莱罗打算筹集资金到南美洲去开发金矿，遂宣布以2.5万美元卖掉自己在福特公司持有的股份。福特立即筹集资金，将阿伯特·斯特莱罗的股份买了下来。

8个月之后，福特又迎来了另一次良机。麦肯森自行成立的飞行汽车公司由于经营不善，发生了资金链断裂的问题。随即，各大股东纷纷向麦肯森追讨当初的投资。但麦肯森已经将所有的资金都投到了厂房建设方面，根本无力偿还。为避免新公司走上破产的道路，麦肯森不得不将他在福特公司持有的全部股份以17.5万美元的价格卖给福特。如此一来，福特持有的股份便上升到58.5%，成为公司的第一大股东。

随后，福特宣布于1906年7月召开股东大会。令所有人都没有想到的是，董事长约翰·格雷居然在会议召开的前几天撒手西归了，他所持有的股份由他的后人继承。因此，在董事会上，福特以第一大股东的身份自然而然地被选为董事长兼总裁，公司的副总裁由约翰·道奇担任。库兹恩斯除了原有的职位外，还接过了麦肯森担任的财务主管一职，他在公司股份中所占的份额也上升到10%。

在随后的几个月里，形势进一步朝着有利于福特的方向发展。1906年底，董事会宣布，由于麦肯森等人作出的错误决定，公司生产的高档车没能有效占领市场，销售额和利润均严重下滑。在发言中，福特一针见血地指出：

"昂贵就是灾难！我们必须制定以降低售价、薄利多销为原则的新战略，推出规格统一、价格低廉、用途广泛、广为大众所接受的新车型……"

福特的这一主张得到了股东们的一致赞同。现在，福特终于可以按照自己的意愿去发展公司了。随即，福特便推出了价格低廉的"N"型车。

其实"N"型车在1906年初就已定型，但由于麦肯森阻挠，直到现在它才得到亮相的机会。不出福特所料，"N"型车刚一推出，就获得了广大中产阶级的青睐，订单像雪片一般从四面八方飞向福特公司。

随着生产规模的扩大，原有的厂房已经无法满足生产需要。于是，福特将目光瞄准了德沃德林荫大道以北的高地公园，准备在那里兴建新厂房。

高地公园约有400亩，原本是一处赛马场。赛车运动兴起之后，赛马运动逐渐沉寂下去，那里的赛马场也逐渐废弃，被政府改造成公园。福特买下这座公园，准备在那里建立他的"福特王国"。

新厂房是由著名的工业建筑设计师阿尔伯特·科恩主持设计的。阿尔伯特·科恩是一位从德国移民美国的犹太人，设计风格十分前卫。在设计新厂房时，他采用了当时最先进的钢筋混凝土建筑技术，同时大量使用玻璃，以增强建筑的采光效果。

工厂的布局也十分合理。各种工业原料进厂后，通过巨大的运货电梯直接送到四楼，由那里的工人把原材料加工成挡板、皮革内饰等大的部件；三楼工人的任务是安装车轮、拼装车内地板和用黑色油漆对汽车进行喷涂；二楼则是整车组装车间，将从四楼和三楼送下来的零部件组装成整车。二楼还设有专门的斜坡，可以将组装完成的汽车直接开到一楼的验车台检验出厂。一楼的功能除了验车之外，还设有几十间办公室，供管理和销售人员使用。

新厂房落成后，福特带着克拉拉、埃德塞和公司的股东们来到大楼前。他兴奋得像个孩子，拉着埃德塞的手，问道：

"我亲爱的小男孩，你看这儿像什么？"

埃德塞抬眼望了望，脱口而出：

"像……像一座教堂。"

在场的人都哈哈大笑起来。克拉拉责备儿子道：

"不要乱说，这明明是一座新工厂，你怎么能说像座教堂呢？"

一向沉默寡言的库兹恩斯在此时出人意料地站出来圆场道：

"夫人，埃德塞说得很对！这儿是汽车行业的教堂，是一处圣地。我相信，用不了多久，这里就会成为美国人崇敬和景仰的地方。"

库兹恩斯说得没错！不久之后，福特公司的新厂房便成为美国汽车行业的圣地、底特律人的骄傲。由于那座钢筋混凝土架构的玻璃厂房掩映在绿树红花之中，远远望去仿佛一块巨大的水晶，底特律人干脆将其称作"水晶宫"。

（三）

1907年夏季，福特兴致勃勃地带着妻儿驱车前往大西洋城度假。在这个美丽的海滨小城，福特仿佛回到了童年。他和埃德塞一起在沙滩上堆沙堡，做游戏；在浅海区游泳，抓鱼，玩得不亦乐乎！

7月，福特返回底特律后的第一件事便是召集分布在美国各地的销售员，了解"N"型车上半年的销售情况。

"N"型车是在"A""C"和"F"等几款廉价车型的基础上改造而成的轻型敞篷车。在生产"N"型车之时，福特公司第一次使用了钒钢。钒钢是在冶炼钢材过程中加入了钒而得到的新型合金。这种合金的重量比传统的钢材要轻很多，但强度非但没有降低，反而提升了许多。

早在1905年，福特就在一次汽车大赛上发现，欧洲选手驾驶的汽车普遍比美制汽车轻一些。他走到一位法国选手的旁边，大声问道：

"伙计，你们的汽车似乎比我们的要轻不少呢！"

那名法国选手打量了一下福特，没有回答。这时，一位翻译走过来向那位选手介绍道：

"这位是福特汽车公司的亨利·福特先生。"

法国选手没有料到，站在自己面前的竟然就是大名鼎鼎的福特，急忙站起来，诚恳地说道：

"福特先生，我为我刚才在您面前的失礼感到抱歉，请您原谅！"

福特微笑着说：

"没有关系。在赛场上，我们是对手；但就汽车发展而言，我们可以成为很好的朋友。"

法国选手尴尬地笑了笑，随即向福特介绍了欧洲汽车比美制汽车重量轻的原因。原来，欧洲的汽车使用了一种新型合金材料——钒钢。

比赛结束了，福特公司的大马力"K"型车又一次获得胜利，但福特一点儿也兴奋不起来，他满脑子里充满了"钒钢"这个词。离开赛场之后，福特立即驱车来到一家小型钢铁公司，询问美国钢铁厂为何不生产钒钢。钢铁公司的总经理告诉他说：

"原因很简单，我们的炉温不够。要炼成钒钢，高炉必须要达到1650℃的高温，但我们的高炉只能达到1485℃。"

福特立即说：

"好好干吧！如果你们能够达到这个温度，我们不仅订你们的货，还会向你们提供赞助。"

在福特的鼓励下，那家小型钢铁厂立即改进了生产工艺。几个月后，他们如愿以偿地炼出了美国历史上的第一批钒钢。福特公司生产的"N"型车也自然而然地成为美国历史上第一批使用钒钢的工业产品。

这种车的重量大大减轻，而强度却提高了不少。不久后，福特便设立了自己的冶金实验室，还聘来自己的同学、著名的冶金工程师旺达西主持冶金实验室的工作。

"N"型车定型之初，库兹恩斯根据福特汽车制造公司提供的零部件报价测算出，这种车的单价应该在450美元左右。后来，由于福特汽车制造公司在工艺流程标准化改造过程中出现了一些问题，导致它向福特汽车公司提供的零部件大为减少，根本无法满足订单的需要。

在这种情况下，福特不得不继续从道奇公司买来部分零部件应急，这就在一定程度上提高了"N"型车的生产成本。经过几次调价，"N"的售价历经500美元、550美元等几个阶段后，最后稳定在600美元。即使如此，"N"型车的售价依然比其他公司的同类车型便宜100—200美元。因此，"N"型车刚一推出，其销量便直线上升。

"N"型车的成功更加坚定了福特制造低价轻便车的信念。在1907年7月召开的董事会上，福特便宣布：

"本公司将致力于生产的标准化，生产规格统一、价格低廉、质量优越、能为广大公众接受的产品……"

接着，福特又向股东们宣布了一个秘密。原来，他早在1906年就授意威利斯在"水晶宫"的顶部设立一个试验车间，专门从事新型汽车的研制和新技术、新材料的开发。实验室的骨干力量除威利斯之外，还有丹麦籍的机械工程师查理·索伦森和曾在德国汽车工厂工作过的匈牙利技师加伦布。在威利斯的带领下，他们分为两组，一组专门负责开发"N"型车的改进车型"R"型和"S"型，另一组则开发新一代的车型——"T"型车。

董事会结束后，福特亲自驾车送公司的另外一名股东约翰·安德森回家。路上，他兴致勃勃地向安德森透露：

"我想制造一种全美国的农民都能买得起的汽车。这种车有一个活动的引擎，可拆可卸，农民们既能乘坐它去集市，又可以把它作为运货的工具，甚至在必要时拆下发动机将其用作锯木、驱动农机和搅拌牛奶的动力机。"

安德森明白，福特是在试探自己，因为自己曾是麦肯森忠实的支持者。安德森没有回应福特的谈话，不过他心里明白，自己与福特的决裂已是必然的了，剩下的只是时间和方式问题。

第十一章　T型车时代

把别人的脚放在自己的鞋子里，用别人的想法来思考。

——亨利·福特

（一）

1907年，美国的经济发展陷入低谷，工业产品的销售也急剧下滑，但福特汽车的销售量却在不利的经济环境中逆势而上，获得了大幅提升。截止到1907年12月30日为止，福特汽车公司仅售出的"N"型车就达到了8243辆。这使福特公司成立以来的总收入达到了470万美元之巨，年均创利超过百万美元。

在当年年底召开的董事会上，董事们投票表决，一致同意把总裁兼总经理福特的月薪由300美元升为3000美元，为原来的10倍。当然，这一数目同年终分红的数目相比，显然是微不足道的，股东们只不过想以这种方式表达他们对福特的敬仰。

然而，福特并没有沉浸在"N"型车的成功所带来的巨大喜悦中，而是把自己大部分的精力都集中在即将诞生的"T"型车上。1908年春天，福特公司在底特律著名的切斯特菲尔德饭店举办了"T"型车新闻发布会。在会上，福特向公众描述了即将诞生的"T"型车的大致轮廓。

"T"型车的主体部分是用钒钢制作的，车身轻，强度高。但这还不是"T"型车最突出特点，它最大的特点是通身没有一点华而不实的设计。它通体黑色，大车轮，高底盘，车中没有里程表，没有油量显示表，甚至连挡风玻璃都没有。

福特打着手势，信心十足地宣布说：

"我可以保证，这种车浑身上下找不出一丝华而不实的地方。这是专门为公众设计的，一种人人都能买得起的大众车。"

一名记者站起来，大声问道：

"福特先生，这种车的售价预计是多少？"

福特洋洋得意地回答说：

"去掉附件，每辆车卖850美元。"

福特的回答立刻在会场上引起了一阵骚动，记者们纷纷议论道：

"天呐，这简直是难以置信的价格！"

当时，美国汽车行业盛行涨价之风，再加上通货膨胀等原因，大部分汽车的售价都超过了1000美元。然而，福特公司的"T"型车却保持着5年前推出的"A"型车的价格。因此，新闻发布会结束之后，美国的各大报纸纷纷发表评论，对"T"型车的性能表示怀疑。

福特没有理会舆论界的怀疑，而是鼓励他的研发小组说：

"小伙子们，加紧干吧！让那些对我们的新意艺儿有疑问的人见鬼去吧！我们要让这种车征服美国的所有道路，还要让有收入的人都买得起。"

说完，他把几张刊载着对"T"表示怀疑的文章的报纸扔在脚下，还像个孩子似的用力踩几下。威利斯高声喊道：

"亨利，放心吧，我们会让他们的怀疑和这些报纸一样，统统见鬼去！"

在哄笑声中，众人又投入到紧张的工作之中。福特带着研发小组没日没夜地干着，终于在1908年3月19日推出了第一辆"T"型车。与市场上的同类车型相比，"T"型车采用了大量先进的技术，但售价却只有825美元。

同年10月，投入批量化生产的"T"型车开始出现在美国的汽车市场上，消费者立即被这种性能优越、价格低廉、易于维护、用途广泛的产品迷住了。新闻界对"T"型车的评价也由最初的怀疑变成为热烈的赞扬。一时之间，似乎整个国家都淹没在对"T"型车的狂热之中。

有人这样说：

"这种车的每一个零件都是为适应延伸到美国各地的山路和土路而精心设计的，它可以像踩高跷那样通过乱石遍布和泥泞不堪的路面。"

有人这样说：

"它和其他汽车一样颠簸，是因为它只有骨骼肌肉而没有脂肪。但只要它一上路，就会大显神通，什么样的险阻都挡不住它！"

还有人将它比作几种动物，形象地说：

"'T'型车具有骡子的某些性格，还有猎犬的勇猛和骆驼的耐力。即使是在恶劣的环境中，它也英勇无畏。它是如此优越，如此具有个性，甚至让你有时觉得它对人类有一种隐隐的敌意，似乎这优秀的东西有了自己的生命。"

随着"T"型车的巨大成功，亨利·福特也获得了巨大的荣誉。一位冷静的记者撰文指出：

"亨利·福特以性能优越和价格低廉的'T'型车带给人们的最大喜悦，是把汽车从富人们的娱乐工具中独立出来，并向人们展示了这样一个光辉的前景：千百年来困扰着人们的行路难的问题即将得到解决，一种新的生活就要开始了！"

（二）

随着"T"型车取得巨大成功，一个让福特意想不到的麻烦也找上了门。1985年11月，美国政府曾授予发明家乔治·色尔登一份专利，表明色尔登拥有"所有商业用途汽油汽车的控制权"。1909年5月28日，由26家美国汽车制造商组成的美国有照汽车制造商协会向纽约法院提起诉讼，认为亨利·福特侵犯了他们的"色尔登专利"。

汽车制造商协会就像一只无形的巨手，以专利权为借口，迫使几乎所有的美国汽车制造企业都要向它缴纳专利使用费。福特也曾申请加入该协会，但他们以"两次经营失败"为理由拒绝福特汽车公司加入该组织。

当"T"型车为福特公司带来滚滚财源之时，该协会开始上门找麻烦了。协会负责人狮子大开口，向法院提出要求：

"福特汽车公司因为侵犯我们的专利，必须向我们赔偿100万美元。"

福特气愤极了，立即把库兹恩斯叫到办公室，商量应对之策。冷静的库兹恩斯说：

"我们当务之急不是想着如何打赢这场官司，而是想着怎样保证'T'型车的销售量。"

福特问道：

"那我们现在该怎么办？"

库兹恩斯回答说：

"我们必须向消费者保证，我们与协会之间的专利纠纷不会影响他们对'T'型车的使用。"

"好吧，这件事情就交给你来办吧！"福特说。

几天后，库兹恩斯递给福特一份法律文书。福特接过来一看，只见上面的内容大意是：福特公司向所有的消费者保证，公司与协会的争端绝不会影响消费者的利益。无论诉讼结果如何，所有责任都将由福特汽车公司独立承担。

库兹恩斯说：

"只有将这份法律文书附在出售的每一辆'T'型车上，才能打消消费者的顾虑。"

福特握着拳头，大声说道：

"好，库兹恩斯，就这么办！让那帮别有用心的家伙见鬼去吧！汽油汽车凝聚了全人类的智慧，它的使用权不属于任何个人或组织，而属于全人类。"

福特的观点是符合汽车发展的历史事实的。实事求是地说，汽车的出现并不是哪一个人的功劳，而是诸多科学家共同努力的结果。正是在这一观点的支撑下，福特信心十足地来到纽约，以镇定的神情、尖锐的语言在法庭上向不可一世的对手发起了挑战。

然而，让福特大感意外的是，纽约法院竟然支持汽车制造商协会的无理要求，并于9月15日作出判决，认为出售任何汽油汽车都是对"色尔登专利"的侵犯。大失所望的福特立即向最高法院提出上诉。

回到底特律之后，福特一边像往常一样忙碌着，一边等待最高法院的判决结果。一天，福特在底特律的一场高端酒会上结识了当时的百万富翁、身材又高又胖的威廉·杜兰特。

杜兰特是一个颇富有传奇色彩的人物，他出身优越，其外祖父曾在南北战争末期和战后初期担任马萨诸塞州州长。但不安分的杜兰特在养尊处优的环境中并没有形成贵公子的纨绔习性。17岁时，他便离开学校，在祖父的木柴厂当起了一名基层办事员。

在木柴厂工作的杜兰特如鱼得水，不仅出色地完成了各项分内工作，还很快成长为一名出色的企业管理者和成功的推销员。但杜兰特并不满足将自己的业务只停留在木柴生意上，而是将自己的业务拓展到了专利药品、雪茄和房地产等利润更高的行业。

在短短的几年里，杜兰特就取得了巨大的成功。1886年，杜兰特投资1500美元，在弗林特市与道拉斯·道特合作创办了一家马车制造公司。经过15年的发展，他生产的马车几乎遍布美国，乃至世界的每一个角落。他最初投资的1500美元也变成了200万美元。

杜兰特的销售和经营才华如此出众，以致他的朋友评价他说：

"杜兰特可以把沙子卖给阿拉伯人，然后还能把筛沙子的筛子卖给他们。"

20世纪初，当马车逐渐淡出历史舞台，汽车制造业蓬勃发展之时，杜兰特立即将目光转向汽车行业。1903年夏季，美国最主要的汽车制造企业别克汽车公司因经营不善导致资金链断裂，供应商闻讯都纷纷停止供货。别克公司总裁大卫·别克甚至不得不宣布出售他的公司。

1904年8月，杜兰特决心接管销售低下、负债累累的别克公司。3个月后，杜兰特买下别克公司65%的股份，成为公司最大的股东，并顺理成章地被选为董事长。

经过杜兰特4年的苦心经营，别克公司终于在1908年时成为美国最顶尖的汽车制造商之一，别克汽车也成为市场上最畅销的品种之一。

（三）

随着别克汽车公司业务的蒸蒸日上，杜兰特又开始为自己的汽车王国勾画更为宏伟的蓝图了。他打算通过重组或收购等方式，成立一家拥有众多品牌的超级汽车公司。

1908年9月16日，杜兰特在新泽西州组建了通用汽车公司，并以股票换股票的方式成功地将13家汽车公司和10个零部件生产商合并在一起，其中包括凯迪拉克汽车公司、奥兹莫比尔汽车公司和奥克兰汽车公司等。

当听说福特公司与汽车制造商协会产生专利纠纷时，杜兰特甚至萌生了兼并福特公司的想法。因此当在酒会上碰到福特时，杜兰特叼着哈瓦那雪茄，阴阳怪气地说：

"哎呀，福特先生，你怎么又瘦了这么多呢？你为什么不多吃一点呢？如果你不好好地爱惜自己的身体，怎么能长命百岁？又怎么能更好地经营自己的企业呢？"

福特并不是一个开不起玩笑的人，如果在平时，他肯定会对杜兰特的玩笑一笑了之。但由于跟汽车制造商协会的纠纷问题，福特的心情糟透了，所以他毫不客气地反唇相讥道：

"杜兰特先生一定知道我在底特律有一家医院，我经常去那里，但从来没有一次是去看病，而是去看望那些因为吃得太多而求医问药的人，他们就像阁下这样，又高又胖。"

众人听了福特巧妙的讽刺，不禁哄堂大笑。杜兰特面红耳赤，无言以对，只好耸耸肩，故作潇洒地把手中的雪茄抛往空中，目送福特端着一杯橙汁向大厅的另一方向走去。

第二天，福特和库兹恩斯正在分析最高法院会如何判决时，杜兰特突然来访。他依然叼着雪茄，然后一屁股坐在福特办公室的沙发上，开门见山地说：

"我已经收购了凯迪拉克、奥兹莫比尔等汽车公司，现在想购买你们的公司，将它们一起并入通用汽车公司，组成一个空前庞大的新公司。"

福特惊愕地望着杜兰特，半晌没有说话。杜兰特轻松地吐了一口烟雾，缓缓说道：

"我已经和有照汽车制造商协会签订了协议，取得了'色尔登专利'的使用权。"

"杜兰特先生好大的胃口！"福特笑着说。

但库兹恩斯和杜兰特发现，福特脸上虽然挂着笑容，他的眼睛里却一丝笑意也没有，小小的办公室立即陷入了尴尬的沉默。

过了半晌，库兹恩斯看着杜兰特，冷冷地说：

"让我们考虑一下吧！"

杜兰特不失时机地说：

"好吧，我一周后在百乐门饭店恭候两位的大驾。"

送走杜兰特，福特不由赞叹道：

"杜兰特真是个有魄力的家伙！"

库兹恩斯面无表情地问道：

"你是怎么想的？"

福特从头上摘下那顶镶着一道黑圈的灰色礼貌，用手拢了拢花白的头发，叹了口气，回答说：

"说实话，我不想干下去了。库兹恩斯，只要价钱合适，咱们这两个上了年纪的老家伙干脆回家安安心心当百万富翁去算了！"

库兹恩斯黯然神伤地追问道：

"你已经下定决心了吗？"

福特用力点了点头，吩咐说：

"你计算一下价格吧。"

库兹恩斯沉思了一会儿，然后说道：

"至少要给800万。"

福特斩钉截铁地说：

"好，那就800万，而且要现金，少一个子儿也不行。"

突然，库兹恩斯又问：

"要是没谈成，那我们怎么办？"

福特把手中的帽子重重地摔在办公桌上，恶狠狠地骂道：

"那就跟汽车制造商协会那帮混蛋拼到底！"

（四）

一周后，福特、库兹恩斯等人与杜兰特在百乐门饭店举行了一场毫无悬念的谈判。魄力十足的杜兰特几乎毫不犹豫地接受了福特提出的条件，准备以800万现金收购福特汽车公司。福特也十分大度地接受了杜兰特提出的条件，即"不得在出售公司后再另起炉灶"。杜兰特明白，"福特"这个名字在汽车行业已经成为一张响亮的名片。假如福特另起炉灶的话，他的通用汽车公司定会遭受强有力的挑战。

如果福特汽车公司就此被杜兰特收购的话，福特和他的汽车王国定然会悄然退出历史舞台。然而，就在双方进入实质性谈判时，杜兰特的投资合伙人，尤其是那些缺乏远见的银行家退缩了。杜兰特无法按照合约约定的时间拿出足够的现金，收购福特汽车公司的协议最后不得不取消。

福特没了退路，不得不鼓起勇气重新迎难而上。在此后一年多的时间里，他一边与有照汽车制造商协会周旋，一边继续生产和销售"T"型车。由于"T"型车已经深入民心，公众和社会舆论大都站在福特这边。新闻界都纷纷称赞他是一个"有骨气的人"，具有"无所畏惧的胆识和勇气"，是"世界上深受人们喜爱的勇于奋斗的人"。

1909—1910年度，"T"型车的销量达到了惊人的18644辆。面对急剧扩大的市场需求，福特和库兹恩斯伤透了脑筋，不得不提前将"水晶宫"工厂提前投入使用。1910—1911年度，福特汽车公司的产量提高了近一倍，共生产34528辆"T"型车。

1911年1月9日，最高法院终于作出了一项具有决定意义的最终裁决。法官认为，汽油汽车的主要技术是一种"社会发明"，并不属于任何个人或组织，所有的汽车制造商都可以平等使用。为了打破有照汽车制造商协会的垄断，最高法院宣布该协会为非法组织，必须就地遣散。

福特胜利了，福特汽车公司和广受欢迎的"T"型车迎来了又一个春天。为此，福特兴奋地对库兹恩斯说：

"天与地之间的界线消除了。瞧，已经没有任何力量能够阻挡我们前进的步伐了！"

晚上，福特和库兹恩斯等人驱车来到百乐门饭店。美国有照汽车制造商协会的成员们原本打算在那里庆祝胜利的，他们谁也没有想到，最高法院会宣布他们败诉。偌大的饭店中只有几个人，他们默默无言地互相望着，眼中充满悲伤。

福特来到饭店，向在场的人一一致意，而后他点燃一支泥烟斗，递给靠自己最近的人。众人明白，这是印第安人表示和解的方式。如果众人愿意与福特和解，只要每人抽一口泥烟斗，再将它传到福特的手上就可以了。

众人面面相觑，似乎在询问对方的意见。几秒钟后，那人将烟斗放在嘴边，轻轻抽了一口，又递给下一个人。几分钟后，泥烟斗又被传到福特的手中。福特很注重养生，从不抽烟喝酒，但这次却破例抽了一口。

在回家的路上，福特喃喃自语道：

"主说：'予人屈辱者，必将受人屈辱'。"

不久，有照汽车制造商协会便在屈辱中悄然解体了，福特公司趁机向公众发起了广告攻势。在纽约、底特律等大城市，公司竖立了许多新设计的广告牌。在广告牌上，一位美丽的年轻女郎驾驶着"T"型车飞驰着，她的围巾迎风招展，异常美丽。图画的下方是一句简单明了的广告词：

"请看！福特汽车驶过！"

福特在早年时期非常注重技术更新。当时，他几乎每年都会从欧洲进口一辆小汽车，亲手将其拆得七零八落，研究欧洲的技术。但他从来不去模仿别人的东西，他曾宣称："我只是想知道我的这些同行究竟走到了哪一步。"

第十二章　对工薪制度的改革

　　任何人只要做一点有用的事，总会有一点报酬，这种报酬是经验。这是世界上最有价值的东西，也是别人抢不去的东西。

——亨利·福特

（一）

　　随着经济环境的好转，美国中产阶层对汽车的需求量急剧上升，"T"型车的销量也不断攀升。消费者对"T"型车的热情不减，新闻界也不厌其烦地报道它所创造的传奇。

　　1912年初，一位冒险家用"T"型车征服了著名的科罗拉多大峡谷。记者在报道这一奇迹之时，浓墨重彩地赞扬了"T"型车的牢固性。

　　同年，一个普通的乡村教师驾驶"T"型车在农田汽车越野赛上轻松获得了冠军。当记者采访他时，这位刚刚获得冠军的教师指着他心爱的"T"型车说：

　　"你们应该去采访它。"

　　福特每天都会看一看报纸是如何评价"T"型车的。一天早晨，他把一沓报纸递给库兹恩斯，洋洋得意地说：

　　"库兹恩斯先生，快看，报纸成了我们最好的广告，新闻记者们成了'T'型车最卖力的推销员。"

库兹恩斯不愧为一位出色的企业管理者，他不失时机地建议说：

"我们也不能闲着，我们应该趁热打铁，在全国搞一些活动来加深公众对'T'型车的印象。"

说完，一向沉默寡言的库兹恩斯默默走出办公室。福特看着他的背影，顽皮地做了个鬼脸，低声道：

"库兹恩斯永远都是那么冷静。"

不久，福特公司便在库兹恩斯的策划下展开了一系列的宣传活动。有一次，在众多记者面前，福特亲自把一辆崭新的"T"型车驱动轮轮胎卸下来，然后先后在上面挂上了圆锯和脱粒机，以说明"T"型车对农民来说具有多重用途。

福特公司遍布全美的经销商更是想出了许多别出心裁的宣传方法：有的人开着"T"型车从台阶上开上开下，以展示它的牢固性；有人组织了全部由"T"型车参加的汽车马球比赛，以显示它的灵活性。

拉斯维加斯一名经销商的宣传方法更加巧妙。在拉斯维加斯著名的牧人竞技比赛中，一名牛仔静静地站在停在赛场上的"T"型车旁。比赛正式开始之前，一头公牛突然在场地上飞奔起来。那名牛仔等公牛的速度达到最快时，发动汽车追了上去，然后从车中飞身跃出，一把将公牛扭倒在地。被惊呆了的观众立即发出震天动地的呐喊！

毫不夸张地说，"T"型车是当时最受公众欢迎的车型。一时之间，它不但成为福特公司的经典车型，也成为美国汽车行业的一个传奇。福特曾半开玩笑地对别人说：

"'T'型车就是我亨利·福特的名片。"

很快，连"水晶宫"那座庞大的工厂生产的"T"型车也无法满足市场的需要了。1912年秋，福特召集了公司管理和技术人员，商讨如何提高生产效率，满足不断增长的市场需求。福特首先宣布：

"我们不能一味地扩大厂房面积和增添机器设备来扩大生产，这是不现实的。"

福特注视着在座的每一个人，似乎在询问他们有什么好办法。库兹恩斯像往常一样，冷冷地坐在福特的旁边，一言不发。威利斯和查理·索伦森则微笑着注视着福特，一副胸有成竹的样子。满头金发、相貌英俊的工程师查理·索伦森在"T"型车的开发过程中功不可没，如今他和另外一位丹麦籍工程师威廉·努森又为福特公司设计了一套先进的工作流程。

福特早已知道索伦森的设想了。他见索伦森半晌不说话，有些焦急地说：

"好了，索伦森，别再卖关子了，把你的想法说出来吧。"

索伦森终于开口了，他轻描淡写地说：

"我和努森商量过了，我们建议安装生产流水线。"

威廉·努森是福特从一家钢铁公司挖来的管理人员，他对著名的企业家和管理专家弗雷德里克·温斯洛·泰罗的"自动流水线"原理颇有研究。从19世纪80年代起，泰罗便开始研究科学管理的方法和理论，并且做了大量的尝试。在其代表作《科学管理研究》一书中，他系统地阐述了当时最为先进的生产方法——自动流水线。由于这一伟大的创举，泰罗被后世尊为"科学管理之父"。

这是，努森朗声道：

"是的，就让我们参照一下泰罗先生几年前所做的改革，将自动流水线引入到生产中来吧。"

在福特和库兹恩斯的大力支持下，会议最后决定，由索伦森和努森全面负责福特汽车公司的生产流水线试点工作。稍后，这一方法将会被逐步推广开来。

（二）

1913年春天，世界上第一条投入使用的自动生产流水线在"水晶宫"的发电机车间建成了。福特惊异地发现，自动生产流水线的优越性简直无可比拟。产品的生产工序被分割成为一个个的环节，每个工人只负责其中的一个环节，川流不息的传送带把上一个工人制造的半成品传递给下一个工人。由于工人的熟练度有了大幅提升，产品的质量和产量也相应地都提高了。

福特立即命令将这一先进的管理技术推广到整个工厂。几个月后，"水晶宫"的所有车间全部安装了自动生产流水线。流水线作业不但对福特汽车公司产生了巨大的影响，对世界工业的发展也起到了十分重要的促进作用。福特公司安装流水线的当年，其产量便翻了一番。与此相对应的是，工人的数量不但没有增加，反而从14336人减少到了12880人。此后，各大企业争相效仿福特汽车，在生产中实现流水线作业。

然而，流水线作业也带来了负面影响。与工业产品的产量大幅提升形成鲜明对比的是，工人劳动强度增加了，但收入却大为降低了。1913年的圣诞节前夕，天气变得异常寒冷。底特律的街头并没有因为佳节即将来临而热闹起来，反而显得异常凄凉，因为城市的大多数居民都是贫苦的工人。他们根本没有多余的钱来装饰豪华的圣诞树，为孩子购买圣诞礼物。

一天，库兹恩斯参加完一个上层社会举办的酒会回到家时已经是凌晨了。他不经意间走到窗口，发现寒冷的街道上有一群下了夜班的工人在匆匆赶路。他们穿得如此单薄，被冻得瑟瑟发抖。库兹恩斯看了看自己家中的摆设，又来到燃烧着熊熊烈火的火炉旁，不禁思绪万千。

库兹恩斯曾是麦肯森手下的一名普通职员，也过过饥寒交迫的日子，因此他完全了解工人们的苦难。沉思了良久，他不禁感叹道：

"工人们实在太辛苦了！他们为公司创造了巨额利润，自己却过着饥寒交迫的日子，这实在太不公平了！"

第二天上班时，库兹恩斯来到福特的办公室，把他前一天夜里的感受讲给福特。福特问道：

"那又怎么样呢？"

库兹恩斯没有回答，只是默默地将一份材料递给福特。福特展开一看，只见上面用翔实的数据分析了福特公司工人的劳动强度与工资不成比例的状况。由于采用了先进的自动生产流水线，福特公司工人的劳动强度普遍比其他工厂高一倍，甚至数倍。工人们机械地劳作着，每隔4个小时才能得到片刻的休息。然而，他们的工资水平却仅相当于底特律的平均水平——每天2.34美元。

库兹恩斯在材料的最后还分析了这种状况对公司所造成的负面影响。由于普遍采用了自动生产流水线，福特公司取消了原来的"多劳有奖"的分级工资制度，代之以最原始的计时工资制。如此一来，工人的劳动积极性大为降低，大批工人干了一段时间后便纷纷离职，去其他工厂从事报酬相当劳动强度却低得多的工作。当时，福特公司的员工队伍变更率高达380%。最高峰时，公司每稳定100个工人，其招聘定额竟然要达到963人。

在工人运动风起云涌的20世纪初，福特公司自然而然地被世界产业工会联合会盯上了。联合会在工人间散发传单，指责福特加大劳动强度剥削工人，甚至将福特公司称为"血汗工厂"。当时，库兹恩斯已经得到消息，福特公司的工人们正准备于1914年的夏季发动大罢工。

福特默默地看着材料。这时库兹恩斯接着说：

"总体情况对我们非常不利。如果公司培养一名熟练工人需要花费100美元的话，那么每年因为工人辞职而造成的损失就高达100万美元，其中还不包括其他的间接损失。"

"那么你认为该怎么办呢？"

"我们必须给工人增加工资。"库兹恩斯盯着福特的眼睛，冷冷地说。

福特点了点头说道：

"你认为应增加到多少钱？3美元行吗？"

"恐怕不行，必须提高到5美元。"

福特被吓了一大跳，大声说道：

"什么？5美元！是底特律工人平均工资的两倍？"

"对，必须是5美元！"库兹恩斯坚持道。

福特沉思了半晌，缓缓回答道：

"先让我考虑一下吧！"

（三）

圣诞节过后，库兹恩斯又来到福特的办公室，重提"5美元工作日"的话题。福特同意提高工人的工资，但不同意5美元的标准。他再次试探性地问：

"3.5美元怎么样？"

库兹恩斯依然以毫无商量余地的口吻回答说：

"必须是5美元。"

福特脸色变得铁青起来，他默默地在沙发上坐了几分钟，突然说道：

"那就4美元吧！"

库兹恩斯盯着福特的眼睛，强硬地说：

"不，必须是不折不扣的5美元。"

福特突然笑了起来，大声说：

"好吧好吧，库兹恩斯，5美元就5美元。但是你必须答应我一个条件，我们必须以'利润分享'的名义为工人加薪。"

库兹恩斯知道，所谓的"利润分享"不过是福特的一个诡计，他随时可以以利润下降为借口取消加薪。但无论如何，福特已经在加薪的问题上向他作出了让步，如果自己再坚持下去，恐怕连"利润分享"

都保不住了。他点了点头，表示同意福特的方案。

1914年1月5日，"5美元工作日"方案在董事会上获得通过。福特郑重宣布：

"本公司将实现5美元工作日。任何合格的福特汽车厂的工人不论年纪，不分工种，都能领到他自己的一份。"

与此同时，福特还宣布，公司将废除9小时工作日制度，实行8小时三班倒的制度。

这两项制度的宣布立即在新闻界和公众中间引起了强烈的轰动。几天之后，福特公司不得不举行一场记者招待会，详细解说改革的内容。在记者招待会上，库兹恩斯向记者们宣布了公司的工资和工时改革方案。福特则一脸轻松地坐在旁边，回答记者们提出的问题。

一名记者问道：

"亨利·福特先生，请问你对这项改革有何看法？"

福特回答说：

"我宁愿我的公司里有两万富裕起来的工人，也不愿我的公司里只有一小部分新贵族和百万富翁。"

说完，福特望了望站在发言台上的库兹恩斯，示意他继续宣布其他消息。库兹恩斯会意，朗声说道：

"先生们，我们还有一条重大消息要向公众宣布。为了适应8小时三班倒的新工作制，福特汽车公司将面向全世界招收4000名工人，不分种族、年龄，只要符合公司的条件，他们每天都能领到5美元的工资。"

招工的消息一公布，底特律沸腾了，美国沸腾了。大量青年工人纷纷从全国各地涌向底特律，汇聚到"水晶宫"的大门口。1月6日凌晨2点，上万名求职者冒着严寒汇集在"水晶宫"的门前，等待得到新的工作，而且人数还在不断增加。

通往底特律的各条公路上也排起了浩浩荡荡的汽车长龙，无数求职者正搭乘货车赶来。记者们经过调查发现，他们来自全国各地，包括职员、工人、水手、农民和矿工。一家报纸当时如此评价这种现象：

"福特汽车公司引起了一场全国性的人口大迁移。"

一向遇事冷静的库兹恩斯慌乱起来，因为公司仅需要招收4000人，而且招聘根本无法在几天之内完成。高地公园的警长西蒙也忧虑地对福特说：

"这样下去一定会出乱子的。"

为了防止出现突发事件，西蒙急忙向其他地区的警察发出请求，让他们携带警棍、消防水龙头等警械装备前来"水晶宫"维持秩序。

几天后，库兹恩斯和西蒙担心的情况终于发生了。那些来自外地的人在寒风中守候了几天，饥寒交迫，终于出现了骚乱的迹象。早晨，当一批福特汽车公司的工人精神抖擞、穿着干净的工装、胸前别着闪闪发光的胸卡前来上班时，求职者将他们堵在了门外。工人们大喊道：

"让我们进去。"

或许是出于嫉妒，也或许是为了发泄心中的不满，求职者根本不理会工人的请求，越聚越多，与工人们对峙起来。几分钟后，工人们企图冲过人墙，进入工厂。场面立即混乱起来，以求职者为一方，以福特公司的工人和职员为另一方，开始了激烈的打斗。

严阵以待的警察不得不介入冲突之中，用高压水龙头向求职者的队伍喷水，求职者们则捡起地上的石头和冻土块还击。当时的气温在冰点以下，水一喷到衣服上，立刻结成坚硬的冰块。求职者们渐渐招架不住，最终慢慢散去了。"水晶宫"在混乱中也遭到了不小的破坏，许多玻璃都被打得粉碎。

（四）

"水晶宫"门前的冲突令福特陷入被动之中，各大媒体开始纷纷指责他为富不仁，对工人采取极端手段，但这种指责很快就被另一场声势浩大的争论掩盖了。一些中低收入者将福特视为上帝派来解救他们的使者，纷纷祈求上帝保佑他。而工厂主和大银行家们则将他视为一个疯狂的阶级叛徒，纷纷指责福特不仅违反了"道德规范"，还"犯了经济罪"。密歇根州的一个木材商甚至赤裸裸地说：

"5美元工作日的做法会永远破坏'下等阶级'的驯服和满足……如果一个男人娶了一个每周要两件以上花布衣服的女人，那么这个女人一定是一个不正派的女人！"

但无论如何，福特推出的5美元工作日制给福特公司网罗到了来自世界各地最优秀的工人。1914年的一项调查显示，福特公司的工人仅有29%出生于美国，其他71%的员工则来自于22个不同的国家。

在高工资的诱惑下，工人们的劳动积极性空前高涨。他们拼命工作，以跟上高速转动的传送带。一时间，福特公司的工人队伍变更率降低了90%，每天无故旷工的工人也从原先的10%下降到3‰。

很快，福特就发现，他不但没有因为支付给工人较高的工资而遭受任何损失，反而大赚了一笔，因为生产效率大大提升了。他曾洋洋得意地对库兹恩斯说：

"5美元工作日制是降低生产成本最好的方法。"

随着福特公司不断发展壮大，福特的固执也渐渐演化成为一种专制。随后，他开始在"水晶宫"建立家长制的专制王国。他对库兹恩斯说：

"挣5美元的工资，就要有5美元工资的纪律。"

对那些不遵守公司制度的员工，福特会毫不犹豫地将他们赶出去。就在新的工资制度实施的当月，就有900名希腊籍和俄罗斯籍员工因为"擅自离开工作岗位"而被解雇。

除此之外，福特还专门设立了"福特社会学部"，走进工人的家庭，向他们宣传"节俭"、"虔诚"等优良品德。对那些酗酒、打骂妻子、不抚养儿女或有其他品行不端表现的工人，福特首先会严词劝诫。

如果他们仍然不知悔改的话，等待他们的只有一条路——离开工厂。

福特还通过他的社会学部调查员劝诫工人的妻子学会理财，将当月用不完的钱存到银行。他的这一举措果然起到了十分重要的作用。5美元工作日制实行一段时间之后，福特公司工人的聚居区中的贫困户从20%一下子降到了2%，工人家庭在银行的人均存款额也从196美元增加到750美元。

福特公司的工人和他们的家庭也悄然发生了变化。原本，工人们都习惯于在脖子上搭一块毛巾；渐渐地，毛巾被洁白的领子取代了。原本，每天中午到"水晶宫"为丈夫送饭的妻子们习惯于用一块布包着头；但很快，她们头上的布便变成了漂亮的帽子；渐渐地，她们的衣服也跟着漂亮起来。每到星期天，一些工人也开始像富人一样，带着妻子、儿女到郊外游玩去了。

不少富裕起来的工人甚至拥有了自己的"T"型车。一名黑人女工克丽丝就有一辆自己的"T"型车，她曾对记者说：

"每到周末，我就开着它到城外探亲访友，到处游逛，那感觉真是好极了！"

一时间之间，成为福特公司的员工变成了一件令人骄傲的事情。即使下班之后或在节假日，不少工人也将福特公司的胸卡挂在胸前。那些渴望进入福特公司的工人们则盯着他们的胸卡，向他们投去羡慕的目光。

新闻界也理所当然地注意到了工人们的变化。《底特律新闻报》上就曾登载了这一幅漫画：一名福特工人身着皮夹克，衣袋里露出钞票，眼睛盯着标有"高档商品"字样的货架。

亨利·福特也自然而然地成为美利坚的民族英雄。在实行5美元工作日制之前，福特不过是底特律新兴的汽车贵族，而5美元工作日制则让他和他的家族成为美国社会的一个神话。从此，福特及其家族的一举一动都成了新闻界关注的焦点。

第十三章　与道奇分道扬镳

当你在浪费时间的时候，大多数人已跑到前面去了。

——亨利·福特

（一）

"和平之船"行动虽然失败了，但铩羽而归的福特再次成为新闻界关注的焦点人物，讽刺者有之，同情者有之，赞扬者亦有之。讽刺者在报纸上刊登了这样一幅漫画：一身堂吉诃德式打扮的亨利·福特站在"和平之船"上，向标有"战争"字样的风车巨人发起攻击。中下阶层对福特的失败则持赞扬和同情态度。他们认为，福特的行为虽然很幼稚，充满了理想主义的色彩，但远远强过那些只说不做、花言巧语的政客。

在媒体的喧嚣吵嚷之中，福特很快了解到自己在公众中无可比拟的影响和地位，这一发现进一步强化了潜藏在他心中的表现欲和权力欲。看着一天天长大的埃德塞，福特产生了完全控制福特公司的念头。他认为，用自己的姓氏命名的公司应该完全属于他和他的家人。早在"和平之船"出发之前，福特就在这方面迈出了引人注目的一步。

1915年11月，福特成立了专门开发生产农用拖拉机的"福特父子公司"。在庆祝仪式上，福特对来宾和新闻界发表演讲时强调，这家新成立的公司完全属于他和他的家族，与原来的公司毫无关系。他甚至洋洋得意地说：

"我们新成立的这家公司没有股东，没有董事，也没有无所事事的工厂主。一句话，这里没有寄生虫，有的只是生产者。"

福特这段话的矛头所向尽人皆知。"和平之船"行动结束后，福特便开始策划对付道奇兄弟的办法。1916年10月，福特突然宣布，福特公司要扩大生产规模，建立超大型的新生产基地。为此，公司必须将1915年高达6000万美元的红利限制在120万美元之内，以筹措建设新项目的资金。

道奇兄弟被福特的突然袭击弄得不知所措，但这对精明的兄弟很快便镇定下来，拉拢了几个股东，对福特展开反击。一时间，福特公司的董事会简直成了超级市场，吵吵嚷嚷，好不热闹。道奇兄弟声称，如果福特一定要将红利限制120万美元之内的话，他们便要求福特以3500万美元的价格买下他们的股份。

福特愣了一下，继而大笑道：

"开玩笑！3500万美元，简直是打劫！你们当初不过向公司投了1万美元，现在居然想要3500万！"

道奇兄弟似乎根本没有听到福特在说什么，一个劲地坚持他们的意见。福特不屑一顾地说：

"恐怕我要提醒道奇先生，我在公司已经有了51%的股权，再多几股对我来说又有什么意义呢？我根本不会购买你的股份。"

道奇兄弟气坏了，立即宣布要以法律途径解决与福特的纠纷。11月2日，底特律各大报纸均在头版头条位置刊登了一个惊人的消息：道奇兄弟准备起诉亨利·福特。

正当法院受理这件诉讼案时，国际环境又发生了惊人的变化。1917年2月3日，美国正式断绝同德国的外交关系，准备加入协约国，派远征军赴欧洲大陆对德作战。

（二）

　　具有讽刺意味的是，曾经极力反对战争的福特于1917年2月中旬来到美国海军部，求见助理海军部长富兰克林·罗斯福。

　　双方寒暄过后，福特便开门见山地道明了来意。他郑重地说：

　　"为了尽早实现和平，我愿意让我所有的工厂为战争服务，我愿意为我们的战士制造坦克、飞机和一切可能制造的武器。"

　　罗斯福惊讶地看着曾经宣称"宁愿把工厂化为灰烬也不为战争服务"的福特，半天没说出一句话。福特见状，忙道：

　　"在我们的国家被迫卷入战争的时候，我首先是一个爱国者。"

　　罗斯福会意地笑了起来。随即，两人便开始就如何生产更多、更好的武器展开了讨论。福特滔滔不绝地向罗斯福介绍着他在制造武器方面的设想。这位出身机械工程师的企业家似乎又回到了青年时代，思如泉涌，妙招连连。罗斯福显然被福特的设想和表现出来的热情所感染，兴趣十足地与福特谈起了合作事宜。

　　1917年4月，美国正式向德国等同盟国宣战。随着战争的爆发，美国本土的绝大部分工厂都被纳入战时生产轨道。作为美国著名的汽车制造商，福特公司也自然而然地接到了包括数以千计的卡车、救护车等各种军用汽车、发动机，乃至弹药和钢盔的订货。差不多每接受一笔生意或生产出一批产品，福特就会向媒体宣布，他绝不会从战争中赚一分钱，要在战后把所有军事订货带来的利润还给政府。

　　福特此举不但为他赢得了巨大的声誉，也给福特公司带来了更大的订单。1918年3月，福特汽车公司与美国政府签订了一笔数额巨大的合同，美国政府授权福特汽车为美国海军生产一种海军部工程师设计的最新型的反潜驱逐舰——"鹰"。作为回报，美国政府出资3500万美元资助福特在迪尔本的鲁日河畔建设新的厂房和舰艇生产线。

　　福特在鲁日河畔建立福特家族经济帝国的梦想终于实现了。不久，新的厂房和生产线就建成了。福特公司的工人们高喊着"一天一只鹰，打败德皇兵"的口号投入到紧张的工作当中。

但令人诧异的是，到1918年11月11日战争结束时，海军部向福特定购的112艘舰艇只有一艘在部队里服役。最后，这笔交易以福特向军方交付60艘舰艇而宣告结束。更令人诧异的是，福特并没有向政府返还军事订货的利润。

与此同时，福特公司却在大造舆论，宣传福特并没有在战争中大发其财，福特是一个不赚血腥钱的爱国商人。当时，甚至有人捏造事实，说福特向政府返还了2900万美元军事订货的利润。此事一经媒体曝光，美国财政部立即乱作一团，从部长到普通职员到处查这笔巨款的下落。到最后，财政部长不得不在媒体上宣布，他们一分钱也没查到。

一经媒体报道，舆论一片哗然，而福特却保持了沉默。直到1923年，迫于舆论界的压力，福特才出面解释说：

"要准确地估算出这笔钱的数额难度太大，正在进行审计，一旦清算完毕，马上归还。"

最后，福特的承诺并没有兑现，美国政府始终没有收到福特退回来的一分钱。至于福特公司在第一次世界大战中究竟赚入多少钱，则是众说纷纭。福特公司宣称纯利润"不到100万元"；而不少经济学家认为，在美国参加战争的18个月中，福特公司所生产的军用和民用产品的总利润约为7800万美元，其中军用品的利润应该在3000万美元左右。

福特的这一行为让人很难理解。然而，这只不过是他在晚年时期把金钱看得越来越重、而自己也变得越来越专制的表现之一罢了。

（三）

战争结束后，福特又开始集中精力对付道奇兄弟。其实，福特在战争时期并没有放松对道奇兄弟等股东的排挤。为了向道奇兄弟施加压力，他拒绝收购股东们手中的股票，并且以限制分配红利的方式向其他胆敢购买福特公司股份的"胆大妄为"者提出警告。

然而，在一个法制健全的国家里，一个人无论拥有多少财富都无法做到为所欲为。1919年2月7日，最高法院对福特与公司股东之间的纠纷作出最终裁决：福特限制分配红利的做法是违法的，在法律面前站不住脚。最高法院还根据公司向法庭提供的1916年财务报表判定福特应付清股东1900多万美元的红利和150万美元的利息。

最高法院作出裁定之后，福特公司的股东们一片欢腾，甚至有些洋洋得意。然而，福特却在此时突然宣布辞去公司总裁的职务，而且还准备另起炉灶。这下股东们又慌乱起来。如果福特再创办一家汽车公司，福特汽车公司势必会遭到强有力的挑战。因此在董事会上，股东们拼命挽留福特，希望他慎重考虑辞职一事。但福特已经打定主意，想用辞职的方式迫使股东们卖出手中的股份。

最终，福特如愿以偿地辞去了公司总裁的职务，但同时保留在公司董事会的位置。随后，股东们一致选举福特的儿子埃德塞为新的总裁。

其实，所有的这一切都在福特的预料之中。早在1913年20岁的埃德塞中学毕业时，福特便为他选定了职业发展之路。当时，年轻的埃德塞想进入大学继续深造，但福特却希望儿子在合适的时候继承福特家族的经济帝国。

会议刚刚结束，56岁的福特便带着妻子克拉拉前往美丽的加利福尼亚海岸度假去了。他似乎想制造这样一种假象：他真的准备把权力交给儿子，从此寄情于山水之间了。新闻界也被福特公司这一突如其来的变故弄得不知所措，汽车行业的大亨们也没有弄清究竟是怎么回事。

正当众人陷入一片恐慌之时，福特又在加利福尼亚宣布，他准备组建一家新公司，专门生产新一代的大众汽车，价格仅为"T"型车的一半，但性能却更加优越。

此消息一出，"T"型车的销量急剧下降，那些准备购买汽车的人纷纷取消购车计划，等着购买福特即将推出的新一代大众汽车。

道奇兄弟等股东们开始着急了。他们无论如何也没想到福特会在关键时刻使出这样一个杀手锏。他们不禁开始为福特汽车公司的前景担忧起来。

就在这个时候，一些神秘的经纪人开始出现在这些股东周围，问他们是否愿意出售手中持有的股份。在福特公司前景一片黯淡之时，道奇兄弟等股东自然巴不得立即将他们手中的股份早点出手，以便卖个好价钱。就这样，他们甚至没想躲在那些经纪人背后的大亨到底是谁，就与他们达成了交易。

道奇兄弟的股份售价2500万美元；约翰·安德森持有的股份为道奇兄弟的一半，卖了1250万美元；约翰·格雷的后人持有的股份较多，得到了2625万；霍勒斯·拉克姆也得到了1250万美元；库兹恩斯出售股份的价格较高，得到了2930.9万美元。在公司成立之初，库兹恩斯的儿子罗西塔将自己的100美元零花钱也投入进来，几年之间，他不但分到了9.5万美元的红利，出售的股份还使他获利26.2万美元。

（四）

令众人都没有想到的是，福特根本无意另外组建一家新公司。他之所以这样做，目的就是要拉低公司的股价，以便与埃德塞相互配合，以较低的价格将非福特家族成员持有的股份全部买下。那个站在经纪人背后的大亨就是亨利·福特和他的儿子埃德塞·福特。

收购完成之后，福特在加利福尼亚的一家豪华酒店里给埃德塞打了一个电话。他穿着浅灰色的西装，头发梳得一丝不乱，洋洋得意地说：

"埃德塞，这次你干得棒极了！"

说着，福特坐在沙发上，静静地听着埃德塞向他汇报收购的具体细节。过了一会儿，福特突然说：

"就属库兹恩斯这个家伙滑头，给他的股价在所有的股东当中是最高的。"

放下电话之后，福特从沙发上站起来，顺手打开留声机，拉着正在研究编织技术的克拉拉跳起欢快的舞蹈。他一边跳，一边洋洋得意地对妻子说：

"如果麦肯森知道这次收购股权的结果，一定会懊悔死了！"

13年前，麦肯森以17.5万美元将自己持有的股份全部卖给了福特。如果等到今天的话，麦肯森的股份将价值6400万美元。

为了奖励埃德塞"掌舵"公司之后的初次胜利，福特宣布将公司42%的股权给他，3%的股权分给妻子克拉拉，其余的55%留给自己。就这样，福特一家三口完全控制了如日中天的福特汽车公司。紧接着，福特又向新闻界宣布：

"在目前的情况下，另起炉灶设立新的公司已经完全没有必要了。"

福特和儿子埃德塞导演了一出骗局，不但欺骗了道奇兄弟等股东，也欺骗了数以万计善良的公众。一家报纸曾发表署名文章，指责福特是"美国最大的暴君"。当时，石油大王洛克菲勒也不过只拥有自己公司28%的股权，但即便如此，美国公众依然指责他专制、垄断……与福特相比，洛克菲勒的事情简直不值一提。

完全掌握公司之后，福特的权力欲和表现欲更加膨胀。公司的宣传部门得到一份指示：今后公司向外发布的新闻稿只能提到亨利·福特，除此之外，不能再出现其他任何人的名字。如果确实需要出现包括埃德塞在内的高层管理者的名字，必须经特别批准方可实施。这份指示没有说应该得到谁的批准，但批准人是谁简直不言而喻。

渐渐地，福特公司对外宣传时，稿子的开头必须冠上"在福特先生的天才指引下"这句令人生厌的恭维。有时甚至连福特公司设在密歇根州的农场生产大豆获得了好收成，设在巴西的橡胶园质量提高了，或福特的医院用丹宁酸为烧伤病人治疗等，前面都会冠上"在福特先生的天才指引下"的字样。

福特的脾气也变得越来越坏。有一次，一位来自外地分公司的销售经理在向他汇报工作时，就产品的一些缺陷提出了意见，并认为如果不改进会影响产品的销路，福特毫不客气地打断他的话，大声斥责道：

"出去！我不想跟悲观主义者谈话，我想另外找一个乐观的人进来听听他的意见。"

福特的这种变化导致的最直接后果就是令公司中敢于直言相谏的人越来越少，而以花言巧语骗得高位的人越来越多。在这种情况下，福特公司自然而然地走上了下坡路。

第十四章　暴躁的独裁者

　　不能提升人民福利层次的工业体制是失败的！如此失败的
工业体制对社会又会有何利益呢？

——亨利·福特

（一）

　　如果说福特的专制是导致福特公司走向衰落的主要原因，民众和舆论对福特的抨击则加速了福特公司的衰落进程。在击败道奇兄弟等股东没多久，福特就因为不当言论再次被推到舆论的风口浪尖。

　　1916年6月，美国与墨西哥爆发了小规模的武装冲突。时任美国总统的威尔逊立即下令调集国民警卫队开赴美、墨边境地区，以加强该地区的军事力量。6月12日，《芝加哥论坛报》的记者就此事采访了福特汽车公司的新闻发言人。这个头脑过于简单、反战热情高涨的发言人根本没有弄清楚事情的来龙去脉，为了表明福特公司鲜明的反战态度，竟然武断地对记者说：

　　"凡是参加国民警卫队的公司职员都不适合在公司里继续任职。"

　　不久，亨利·福特也发表了类似的言论，结果福特的不当言论立即引起了舆论的强烈抨击。《芝加哥论坛报》就发表了一篇题为《微型爱国主义》的社论，批评福特说：

"国家保护着他的财产，而他却是个典型的无政府主义者，是国家的敌人，不懂得政府的基本准则……"

福特非但没有从这篇社论中吸取教训，反而以诽谤罪正式起诉《芝加哥论坛报》，要求该报赔偿他100万美元的名誉损失费。多年以来，福特与新闻界的关系一直都比较好。从制造出第一辆汽车到成为闻名全国的赛车手，再到成为著名企业家，直至后来"T"型车和5美元工作日制的出现，乃至"和平之船"事件，媒体都将福特作为正面人物进行宣传。正因为有了这些宣传，福特才在美国民众中间树立了朴素、诚恳、勤奋、脚踏实地的形象。人们普遍认为，他是一个经常有着天真想法的理想主义者，一个靠自己的努力不懈奋斗的实干家，一个开明的企业家和社会活动家，一个和平主义者和慈善家。

一个人想要树立正面的形象需要很长的时间，但要想推倒它却只需一瞬间。这一次，福特多年树立的良好形象便在瞬间坍塌了。底特律，乃至整个密歇根的新闻界都纷纷将矛头对准福特，向他发起攻击。

1919年5月，即福特击败道奇兄弟3个月之后，法院正式开庭审理了福特状告《芝加哥论坛报》一案。由于法庭已经进行了两年的周密准备，《芝加哥论坛报》的律师设计精巧，知识匮乏的福特尽管配备了由63个人组成的强大律师团队，但仍然毫无悬念地败下阵来。

在律师盘问过程中，福特穷于应付，被弄得焦头烂额，甚至闹出不少笑话来。而最后的判决结果更让福特感觉自己受到了侮辱。陪审团经过10个小时的合议后，终于做出判决：亨利·福特指控《芝加哥论坛报》诽谤中伤福特名誉的罪名成立，该报必须向福特赔偿名誉损失费6美分，并负担审理此案的费用；驳回控方提出的必须赔偿100万美元名誉损失费的要求。

听到这样一个结果，旁听席上顿时笑作一团，而福特则哭丧着脸，在随从的陪同下灰溜溜地离开了法庭。

这一判决结果对福特来说是个比较沉重的打击。表面上看，他是获得了胜利；但在公众面前，他却完全失败了。

但福特不甘心失败，他认为自己失败的原因主要在于没能有效控制舆论的走向。回到家之后，他愤愤不平地对妻子说：

"我以后再也不想受这份罪了。这次判决的结果简直是对我的侮辱，我会对社会进行报复的，让他们等着吧！"

与《芝加哥论坛报》的纠纷结束之后，福特变得更加极端。他像一个真正的"独裁者"一样，大幅度地加强身边的警卫人员和秘书的数量，进一步拉大自己与普通民众和工人之间的距离。

除此之外，福特还雇佣了一批精于笔墨的文人，负责翻译、宣传等工作。他迫切地希望在民众中间重新塑造高大的形象。善于阿谀奉承的"御用文人"们拼命地替汽车大王粉饰。他们不但在福特创办的几家报纸上发表大量吹捧福特的评论，还为福特炮制了4本"自传"。每天读着这些奉承之词，福特得意极了。他想，如果再与新闻界开战的话，舆论再也不会出现一边倒的局面了。

（二）

渐渐地，福特公司内部出现了一种诡异的气氛，以往那种轻松愉快的合作气氛不见了，取而代之的是人人自危、沉闷枯燥的氛围。工人们想着早日离开福特公司，大部分忠诚的高级管理也转变了工作态度，他们不再对福特直言相谏，而是小心谨慎，尽力自保。一位工程师在接受记者采访时，一开口便叮嘱记者不要透露他的身份。记者答应之后，他才愤愤不平地说说：

"在整个'水晶宫'里，恐怕只有羊羔才能逃得过福特的怒火。"

在人事安排上，福特也一改过去任人唯贤的作风，将那些善于阿谀奉承的人扶植成为"福特王国"中的"暴发户"，其中最典型的代表就是索伦森和莱布尔。索伦森曾帮助福特在麦肯森的眼皮子底下建起了秘密实验室，也曾帮助福特在"水晶宫"创造了自动生产流水线，可谓功绩卓著。但他充其量也只能担任一个高级技术人员，并不适合在高级管理的职位上工作。

而刚愎自用的福特并不这样认为。由于对福特绝对忠诚，索伦森在公司的地位飞速提高。曾有人讽刺索伦森说：

"如果福特说应该把地球打穿，以便使两个半球间的交通更加方便的话，那么索伦森马上就会按照福特所说的，找人在福特刚才所站的地面一直挖下去，直到把地球挖穿或福特本人前来阻止为止。"

索伦森本来就是一个脾气暴戾之人。随着职务的升迁，他的性格缺陷也表现得越来越明显。人们经常可以看见他驱车在厂区愤怒地追赶他认为不顺眼的工人，或听到他用那带有浓重的乡村口音痛骂工人。索伦森的这一行为自然极大地挫伤了工人自尊心，从而导致生产效率大大降低。

奥尼斯特·莱布尔是在福特的扶植下跳出来的另一个"暴发户"。他原本是福特公司里一个默默无闻小人物，后来库兹恩斯发现他颇有才能，便把他提到福特办公室经理的位子上。库兹恩斯离开之后，福特就让他接替了库兹恩斯的角色。

从表面上看，莱布尔和库兹恩斯非常相像，他们都有矮胖的身材和一张沉郁的脸。但与库兹恩斯不同的是，这位来自德国的移民权力欲十足。据说，即使在家里，他也会像一个军官一样来管理他的8个孩子。吃饭时，孩子们要在他的口令下整齐地走到餐桌旁，然后再等待他下达"坐下"的命令，否则谁也不敢坐下。

在公司里，莱布尔也像库兹恩斯一样总是转来转去，用挑剔和怀疑的眼光、生硬的语调和态度应付着每一个人。不同的是，他尽其所能地阻止那些想要接近福特的人靠近福特。这就等于在福特和其他人之间筑起了一道无形的墙，而越来越孤僻的福特却十分欣赏莱布尔的这种做法。

与"暴发户"们崛起相对应的，是福特公司的功臣们被接二连三地清理出公司。第一个遭受厄运的是公司的销售经理霍金斯。霍金斯曾蹲过监狱，刑满释放后被福特聘为销售人员。多年里，他经过自己的努力，一步一步登上销售经理的职位，并为公司创建了一个年销售能力近100万台汽车、雇员达一万多人的高效销售网络。

令人遗憾的是，当他直言不讳地针对公司的现状发表自己的观点时，孤僻的福特产生了将其驱逐出公司的念头。不久，霍金斯就成为被清理出福特公司的第一个元老。

霍金斯刚刚离开福特汽车公司，杜兰特立即找到他，将其聘为通用汽车公司的销售经理，年薪15万美元。

第二个被驱逐出公司的是跟随福特福特最久，也是对他、对公司最忠心的哈罗德·威利斯。威利斯是一个设计天才，他不但和福特等人一起设计了"A"型车和后来畅销全国的"T"型车，还为福特设计了著名的福特标志。

然而，气质高雅、风度翩翩的威利斯却有两个让福特无法容忍的缺点：嗜酒和好色。当福特大权在握之际，他便开始惩治威利斯了。他指示公司不给威利斯安排工作，而他自己也远远地避开威利斯。最后，威利斯不得不主动提交辞呈。或许是觉得心中有愧，福特让莱布尔交给威利斯一张150万美元的支票。

威利斯离开后便自己创办了一家汽车公司，并制造出当时美国最出色的汽车。后来，他又受聘于道奇兄弟的汽车公司，为道奇汽车公司的发展立下了汗马功劳，也为自己赢得了"天才工程师"的美誉。

威利斯的离开引发了连锁反应，公司副总裁兼财务主管克林根·史密斯、社会学部部长马奎斯牧师、主管人事工作的约翰·李、《福特时报》的主编查尔斯·布朗诺等人也相继离开公司。

在所有离开福特公司的人里，后来对福特打击最大，据说也是让福特唯一后悔不该赶走的一个人是威廉·努森。努森是自动生产流水线的主要发明者和实践者，他风趣豁达，充满自信。有一次，他同炙手可热的索伦森大吵一架，有人悄悄告诉他说：

"努森先生，你要小心了。"

果然不久，努森就听到了自己将被解聘的消息。性格倔强的努森不等福特召见自己，就写好了辞职书，放在福特的办公桌上后扬长而去。他愤愤不平地说：

"这个世界上没有人能解雇我，除了我主动辞职。"

这位伟大的机械天才后来受聘于通用汽车公司的雪佛兰分厂，带着一批卓越的技术和管理人员创造了雪佛兰神话，将福特汽车公司从汽车霸主的宝座上拉了下来。

（三）

晚年的福特基本上不再亲自管理公司了，而是将日常管理权交给索伦森和莱布尔。他自己则像那些才能卓越的独裁者一样，远远地躲在豪华的宫殿里，遥控着福特汽车王国的一切。福特那美轮美奂的"王宫"就坐落在迪尔伯恩的鲁日河畔。

早在1911年，福特就产生了迁回迪尔伯恩的念头。当时福特位于爱迪生大街的豪华住宅仅仅建成两年，他为什么要回到迪尔伯恩去居住呢？是因为赚的钱太多，不知道怎么花？还是想上演一出衣锦还乡的戏剧呢？都不是。

在20世纪初期，由于工业高速发展，底特律城区已经变得拥挤不堪，污染和噪声也十分严重。19世纪末，住在城区的大多是富人。但到了20世纪初，情况发生了很大的变化，富人们为躲避无处不在的污染纷纷迁往郊区，城区反而逐渐演变成为中产阶级和穷人居住的场所。

1914年，正当新闻界因5美元工作日制的实施为福特大唱赞歌之时，福特便产生了回迪尔伯恩的想法。

此后，包括埃德塞在内，福特全家便开始物色地皮和合适的建筑设计师，准备在迪尔伯恩大兴土木。1914年11月，福特家族位于鲁日河畔的豪华别墅落成。依据家族在爱尔兰聚居地的名字，福特给别墅取名为"光明巷"。

"光明巷"共耗资100多万美元，建筑豪华，守备森严，在整个美国，乃至世界都不多见。在所有的设计中，福特还亲自设计了一个动力站，里面安装两台大型发电机。动力站建筑的外表由白色的大理石和金光闪亮的各种钢饰构成，高雅华贵，再次体现了福特本人对机械动力的崇拜和赞美。

车库自然是"光明巷"不可缺少的建筑。在庞大的车库里停放着10辆汽车，其中有5辆是各种型号的福特车，其他的车则是福特和儿子埃德塞从国外购买的豪华车辆，因为福特公司还没有生产出一辆豪华型的高级轿车。

从理论上说，福特搬入"光明巷"之后，他应该与弟弟妹妹们多多交往，但事实并非如此，他依然像从前一样，和弟弟妹妹们保持着一种淡淡的关系。弟弟约翰继承了父亲的农场，自食其力地在土地上劳作。有一次，福特派人给他送去一辆"T"型车，约翰立即咆哮道：

"把这个该死的东西开走，让他自己留着开吧，我不需要！"

弟弟威廉倒是进了福特公司，担任农机具的推销工作。不过，福特对待威廉跟其他员工没什么不同。后来，威廉自己开了一个小公司，专门负责推销福特公司生产的拖拉机。

福特一家与克拉拉的亲戚们来往倒是多一些，但福特对他们也不大热情。虽然每次他们到"光明巷"做客，福特都会亲自出面应酬一阵，但他总是伺机悄悄溜到设在电站的工具房和车间里躲起来。

133

第十五章　对权力的争夺

　　如果你想永远做个雇员，那么下班的汽笛吹响时，你就可以暂时忘掉手中的工作；如果你想继续前进，去开创一番事业，那么，汽笛仅仅是你开始思考的信号。

——亨利·福特

（一）

　　耐人寻味的是，福特与自己唯一的儿子、他的合法继承人埃德塞之间的关系也渐渐紧张起来。在埃德塞年少时，父子俩的关系是极其和谐的，两人是从什么时候开始产生冲突的呢？

　　有人认为，福特与埃德塞之间产生冲突的原因并不是一朝一夕形成的，而是在漫长的岁月里一点一滴积累起来的。福特性格强硬，从来不管埃德塞内心的真正想法，一开始就想为他安排好一切。

　　正是由于福特的大包大揽，埃德塞逐渐养成了胆小懦弱的性格。等到埃德塞懂得反抗时，一切都晚了，他的性格已经形成。长大后，埃德塞千方百计地企图挣脱父亲的约束，自己的事情自己拿主意。日积月累，父子间的关系便逐渐紧张起来。

　　福特父子公开爆发冲突是从埃德塞的婚姻开始的。1915年秋天，埃德塞认识了底特律百货公司的老板约瑟夫·哈德逊的侄女埃莉诺。两人一见钟情，很快便坠入爱河。发现埃德塞坠入情网后，福特立即吩咐他的保镖戴林格说：

"戴林格，去调查一下今天跟埃德塞在一起的那个女孩的情况。"

几天后，办事效率奇高的戴林格便将一份对埃莉诺本人及其家庭情况的调查报告摆在福特的桌子上。福特叫来妻子克拉拉，与她一起看了起来。克拉拉一边看，一边尴尬地说：

"亨利，我们这样做恐怕不合适吧。"

专制的福特立即反驳说：

"没什么不合适的。埃德塞是我们的儿子，也是我的家业的唯一继承人，我当然要了解他平时都接触些什么人，特别是那些女孩子。"

克拉拉静静地坐在福特的对面，没有回答。福特盯着克拉拉的眼睛看了几秒钟，突然伤感地说：

"我们还指望埃德塞能留在家里跟我们住在一起。如果他早早就结婚的话，以后事情恐怕就不会按我们想象的那样进行了。"

由于当时正处于第一次世界大战的特殊时期，再加上福特正在想办法对付道奇兄弟等股东，没有太多的精力去管儿子的事情，埃德塞与埃莉诺的恋情迅速升温。到1916年夏天时，埃德塞已经向埃莉诺求婚了。当时，埃德塞和埃莉诺两人正在纽约度假。8月的一天，克拉拉拿着一封信，兴高采烈地对丈夫说：

"埃德塞来信了！"

福特高兴地说：

"是吗？念念，看他过得怎么样？"

克拉拉从信封中抽出信件，轻声念道：

"亲爱的父亲、母亲，我已经向埃莉诺正式求婚了，请原谅我没有征得你们的同意就这样做，但我想你们一定会赞成的……"

135

当念到这里之时，克拉拉停了下来，吃惊地望着福特。福特的脸色变得坏极了，他瞪着克拉拉，气急败坏地命令道：

"继续念下去。"

克拉拉继续念道：

"我们每天晚上都去看节目，然后再找一个地方跳舞，最令人愉快的是那夜半的时光和极度的疯狂。我从离开底特律到现在一直都无病无灾，感觉好极了！对了，埃莉诺也已经开始买嫁妆了……"

克拉拉把信装回信封，喃喃地说：

"亨利，看来我们就要操办儿子的婚事了。"

福特从沙发上站起来，在宽敞的客厅里来回踱步，缓和了一下情绪后才慢条斯理地说：

"这一定是今年底特律社交界的一件大事，是得准备一下。"

克拉拉回答说：

"你说得很对。埃莉诺这孩子也是底特律社交界的明星，而且名声相当不错。"

福特淡淡地说：

"是啊。只是我有点不明白，像她这样的女孩怎么会喜欢什么爵士乐？这个爱好对我们的儿子恐怕没有什么好影响。"

埃德塞和埃莉诺返回底特律之后，立即宣布了他们订婚的消息。为庆祝这一喜讯，福特家族和哈德逊家族在底特律最好的夜总会、饭店和剧场举行了一系列盛大的酒会、舞会和由双方亲友参加的订婚仪式。

1916年11月1日，埃德塞和埃莉诺依照当地的风俗在哈德逊家的寓所举行了简单的婚礼。福特王国继承人的婚礼当然是一件轰动全市甚至是全国关注的事，大批新闻记者来到这座红砖砌成的楼房采访。然而，他们除了见到当时底特律的一些名人之外，几乎找不到其他什么可以大肆渲染和描写的地方，因为整个婚礼十分普通，甚至有些平淡无奇。

（二）

度完蜜月后，埃德塞夫妇回到迪尔伯恩。但他们作出的第一个决定便让福特和克拉拉伤心不已——他们决定搬离"光明巷"，去过自己的生活。福特虽然什么都没说，但他与儿子的关系出现裂痕已经是无法避免的事了。

第一次世界大战期间发生的另一件事更进一步加深了福特和埃德塞之间的芥蒂。当时美国在直接介入第一次世界大战后，福特一改过去的做法，开始积极支持美国政府出兵欧洲。在一次记者招待会上，福特大声宣布：

"我在此以我的名义向全体美国人民发出建议，让我们把子弹装进枪口，齐心协力来支持我们的山姆大叔吧！"

在记者招待会即将结束时，底特律《周末晚报》的一名记者大声问道：

"福特先生，请问你是否愿意像其他美国人一样，把自己的儿子送上前线？"

亨利·福特没想到记者会提出如此尖锐的问题，瞪大眼睛愣了一下，随即便发出一阵剧烈的咳嗽声。时任福特公司新闻发言人的约翰·李赶紧宣布：

"今天的采访到此结束。"

下班后，福特回到家时便发现家中的气氛十分凝重。已经搬出去住的埃德塞回到"光明巷"，正一脸凝重地坐在沙发上等他；而克拉拉则在一旁不停地抹着眼泪。福特一边把帽子和外套递给仆人，一边惊异地问：

"怎么回事？"

埃德塞从沙发上站起来，递给福特一个信封。福特接过来一看，是一份由兵役局发来的服役通知书，要求埃德塞在接到通知书后，立即准备应征入伍。埃德塞看着福特，恳求道：

"父亲，我希望你能同意我去参军。"

福特猛地把手中的通知书扔在地上，歇斯底里地大叫起来：

"我不准你去！这伙混蛋，怎么能让我唯一的儿子上前线去打仗？"

埃德塞哀求道：

"父亲，请让我去吧！别人家的独子也得上前线，你就让我去为国家效力吧！求求你了！"

克拉拉在一旁啜泣着说：

"孩子，你不能去呀，你会被打死的！"

福特一把抓住儿子略显瘦削的肩膀，大声说道：

"我的儿子，你不能去！我会想尽一切办法让你免除兵役的。"

埃德塞哀伤地说：

"可是，这会让我感到耻辱，别人也会嘲笑我、嘲笑你，嘲笑我们的家族。你总不会希望别人骂我是个胆小鬼吧？"

但福特仍然决绝地说：

"不管别人怎么说，我都不能让你去前线。孩子，你是福特公司唯一的合法继承人。如果你死了，那帮混蛋肯定会十分高兴的！"

埃德塞知道父亲所说的"那帮混蛋"是谁。当时，法院正在审理福特与道奇兄弟等股东的纠纷案。埃德塞见父亲下定决心不让自己去前线，失望地离开了。心力交瘁的埃德塞回去后闭门谢客，为此还大病了一场。

不久后，福特便找来几个律师和法律方面的专家，研究如何才能免除埃德塞的兵役的事。不久，福特汽车公司的律师便向底特律地方兵役局提出申诉，说埃德塞是福特汽车公司必不可少的"关键人物"，承担着完成分配给福特公司的大批战争订货的生产任务，无法到前线服役。结果，地方兵役局在回函中指出，埃德塞·福特只不过是福特汽车公司的一名秘书，因此以不能作为"从事军事工业的重要人物"对待为由，驳回了律师的申诉。

焦急的福特立即给威尔逊总统写了一封信，请求得到他的帮助。滑头的威尔逊当然不愿插手这一棘手的问题，干脆装聋作哑，不予回复。

正当福特绝望之时，事情突然有了转机。1917年9月7日，埃德塞的妻子埃莉诺生下了福特家族的第三代——小亨利·福特，即亨利二世。根据兵役法的规定，埃德塞因此而获得了赡养人的身份，再加上他是福特公司的核心人物之一，这样就能获得免除兵役的特权了。

就这样，在福特的安排下，兵役局最终批准了免除埃德塞兵役的请求。在福特看来，这是一次胜利，但埃德塞却认为这是一件让他蒙羞的事。

埃德塞担心的事情终于发生了。由于福特动用各方面的关系为儿子免除兵役，社会舆论立即将矛头对准了埃德塞和福特。底特律《周末晚报》在一篇文章中说：

"亨利·福特终于得逞了。他让自己的孩子置身于战争之外，而让其他家庭的孩子进入战壕……"

《铁矿报》则说埃德塞"一辈子都将是一个逃避兵役的懦夫"；《砍刀报》讽刺埃德塞是"办公椅骑兵队的头目"。

直到战争结束多年之后，依然有人讽刺埃德塞说：

"世界上没有受到战争损伤的只有7个人，其中6个是皇帝的儿子，第七个就是埃德塞·福特。"

福特的独断给自己儿子的心灵造成了严重创伤，甚至给他带来了终

139

生的耻辱。多年后，当有的记者向埃德塞问起这件事时，性格懦弱的埃德塞却毫不犹豫地说：

"当时我非常愿意和伙伴们一起上前线，只是父亲极力主张我应该免除兵役……"

（三）

虽然福特与埃德塞的关系在第一次世界大战期间出现了裂隙，但直到20世纪20年代初期，他们父子之间尚未出现尖锐的对峙。在公司里，父子俩经常在一起讨论各种规划，或者一起到厂区视察工作；回到"光明巷"，福特还会用直通埃德塞住宅的专用线路跟儿子闲聊几句。

当时，福特的办公桌上摆放的照片也是他与儿子的合影。在照片上，亨利·福特和埃德塞面露笑容，并肩坐在一排老式靠背椅上，看上去十分和谐。由于特别喜欢这张相片，福特还特意叫人加洗了许多份，送给自己的亲朋好友。

但当福特逐渐将公司的大权转交给儿子时，他才发现懦弱的埃德塞根本无法独立领导庞大的福特王国。尽管埃德塞已经是福特公司的董事长兼总经理了，但在所有重大问题上，他都极力地使自己的观点和行动与父亲保持高度一致。

更让福特担忧的是，年轻的埃德塞虽然继承了自己的外表，但并没有继承自己顽强的性格和健康的体魄。从少年时起，埃德塞就经常生病。成年后，埃德塞的身体状况非但没有得到改善，反而有所恶化，他经常莫名其妙地感到头晕和恶心。

福特开始费心费力地培养自己的儿子，并试图在公司树立起埃德塞的个人威信。当他和埃德塞一起讨论公司事务时，如果有人前来向他请示工作，他就指着埃德塞对来人说：

"去请示他，他说怎么干就怎么干，现在是他在管理公司。"

但埃德塞的表现总是不尽如人意，以至于福特忧心忡忡地对克拉拉说：

"埃德塞的这种表现只能像一个好助手，而不像一个汽车王国的继承人。除了尽可能为他创造一些条件和机会外，我究竟怎么才能把他培养成一个合格的领导者呢？"

究竟怎样才能让埃德塞成为一个合格的领导者？有一天，福特在"光明巷"的书房里打开他那本神秘的蓝皮笔记本，认真翻了起来。突然，他被一段话深深地打动了。笔记本上是这样写的：

"当他养尊处优时就会睡大觉，当他受折磨、遭打击时就增长智慧、富于进取，就会具有男子汉的气概……"

福特激动地站起来，大声对自己说：

"这不正是埃德塞的写照吗？这不正是把我的儿子培养成一个强者的诀窍吗？原来竟是如此简单！埃德塞平静的生活应该被打破，应该像那汹涌澎湃的大海，他应该经风雨、见世面，遭受各种挫折。作为他的父亲，这才是我应该为他做的！"

就这样，专制的亨利·福特一面尽力控制着福特王国，一边试图通过打击来使埃德塞尽快成长起来。福特无论如何也没想到，他的做法不但没能将埃德塞从自卑中解脱出来，反而加剧了父子之间的矛盾和冲突。而埃德塞的表现也因福特的牵制而越来越差，这在一定程度上使福特感到更加失望，从而加强了对公司的控制。

有一次，福特来到鲁日河畔的福特工厂，发现工人们正在建设几座新炼焦炉。福特一问，才知道这是根据埃德塞的命令进行的。福特暗自窃喜道：

"这是考验和锻炼儿子的一个好机会！"

新炼焦炉的建造工作完成后，兴高采烈的埃德塞打算举行一个小小的庆祝仪式。有一天，他正在工作时，鲁日工厂的一名管理人员突然出现他的面前，报告说，福特的保镖贝内特正带人在拆除新焦炉。埃德塞大吃一惊，连忙赶去。

但当他赶到之时，新焦炉已经被拆掉了。贝内特无奈地摊开双手，对他说：

"这是福特先生的命令。他说没有必要建这些，只需从别的工厂订购，然后用铁路运来就行了。"

埃德塞闻言，什么也没说，只是默默地回到公司。福特满心以为，人为地给儿子制造一些挫折是促使他坚强起来的有效方法，但他没想到，这却进一步加剧了埃德塞的自卑心理。

福特父子之间的这种对抗反反复复地进行了多次，在收购林肯汽车公司之时达到了顶峰。当林肯汽车公司经营出现问题时，埃德塞建议父亲斥资收购它。福特同意了，但在完成收购后却立即宣布解雇林肯公司所有的工人。这使具体负责收购事宜的埃德塞感觉自己受到了侮辱，以致几个月都不跟父亲说一句话。

第十六章　T型车时代的终结

历史或多或少就是胡说。唯一值得一个修补匠肯定的历史，就是我们今天所创造的历史。

——亨利·福特

（一）

在与儿子的矛盾日益加深时，福特还发现了一个让他极度不安的状况——"T"型车的销量正在大幅度下滑。迷恋"T"型车几乎达到疯狂程度的福特并没有从"T"型车身上找原因，而是将这一状况的出现归罪于美国经济发展的下滑。

其实，造成这一状况的主要原因是"T"型车已经过时了，埃德塞的得力助手坎茨勒在进入公司不久就发现了问题的症结所在。他是埃德塞请来对付父亲在公司的代理人索伦森的，他曾对埃德塞说：

"'T'型车已经过时了，市场已经出现巨大的变化。福特汽车公司不仅需要一种新的汽车来代替'T'型车，以继续在市场上占据主要地位，还需要建立起一个能与蒸蒸日上的通用汽车公司相竞争的高级管理决策层。这个决策层需要的不是家长式的专制，而是激烈的讨论和有效的决策。"

坎茨勒的分析十分中肯。当时，通用汽车公司正以其系统科学的管理和决策在市场上逐渐占据有利地位。那些被福特排挤出公司的精英们，正以威廉·努森为代表，出于不同的目的对福特反戈一击。努森等人设计的雪佛兰轿车也正以其完美的设计、合理的价格和优越的性能，一步步地蚕食着"T"型车的领地。1923年，通用汽车公司把自己所有的研究设计机构都集中到一起，推出了"每年设计和生产一种新型车"的战略，给福特汽车公司造成了更大的冲击。

通用汽车公司的种种举措使得福特公司的"T"型车看起来更像是一种古董，而不是最新的交通运输工具。一时间，福特公司的仓库里积压了大量曾风靡全国的"T"型车。

为了扭转这种状况，坎茨勒在埃德塞的支持下，建立了福特汽车公司的第一个生产控制部门。坎茨勒首先研究从各销售点反馈回来的信息和预测数据，然后再将数据提交给埃德塞，由他决定到底应该生产多少汽车，同时对下个月的情况进行预测。

仓库里积压的产品逐渐减少了，但索伦森却在此时盯上了坎茨勒。1921年下半年的一天，坎茨勒到索伦森家做客。在交谈中，坎茨勒告诉索伦森说福特在压制埃德塞。为表明对福特的忠诚，索伦森立即跳了起来，失态地怒吼道：

"请你立即滚出去！"

第二天，索伦森便来到福特的办公室，向他讲述了自己昨天的忠诚表现。福特的脸上露出了笑容，满意地说：

"索伦森，我没有看错你，可是你还没有看清坎茨勒，他现在一定在埃德塞的膝盖上。"

福特之所以不喜欢坎茨勒，并不是因为他敢于和索伦森对抗，而是因为他和埃德塞站在一起。这位专制的老人认为坎茨勒正在"用堕落的生活方式毒害埃德塞"，因为坎茨勒劝说埃德塞在洛克菲勒家族和美国银行家夏季度假的地方买了一栋别墅。

1923年，在埃德塞的强行安排下，坎茨勒被任命为公司的副总经理和董事会成员。随后，这两位年轻人立即着手改组公司的领导班子，准备大干一场。福特在得到这个消息后，破口大骂：

"这是背叛，赤裸裸的背叛！"

几天后，蓄谋已久的埃德塞突然宣布：辞退残暴和傲慢的索伦森。索伦森立即哭哭啼啼地跑到"光明巷"，向福特哭诉他所受到的"不公正的待遇"。

福特气愤极了，马上打电话质问埃德塞：

"这是怎么回事？你必须恢复索伦森的职位！"

埃德塞照办了，但再次几个月不与父亲说一句话，也没有到"光明巷"去看望他。福特父子的关系再次滑入低谷。此时，所有的明眼人都已经看出来，福特汽车公司分成了旗帜鲜明的两个派别：表面上是坎茨勒和索伦森的争斗，背后却是埃德塞和福特的激烈对抗。

（二）

随着20世纪20年代资本主义发展"黄金时期"的到来，简陋、笨拙的"T"型车越来越难卖出去了。这种曾经让福特引以为傲的汽车不但在设计和技术上过于陈旧，在价格上也失去了优势。

到20年代中期，全世界约有2500万辆汽车，其中相当大一部分是二手车。当时，二手车的售价大多在几十乃至十几美元，几乎统治了整个廉价汽车市场。在这种情况下，以廉价市场为主要目标的"T"型车自然而然地失去了生命力。1926年初，死也不肯服输的福特终于悲哀地宣布说：

"'T'型车唯一的缺点，就是人们不愿意再买它了。"

1926年1月，埃德塞与福特的权力斗争终于发展到了摊牌的时候。他和坎茨勒已经瞒着福特对"T"型车的设计进行了大量的改变，不仅加上了许多当时流行的附件，就连外观也作了较大的改善。但是，当这一设计方案被送到福特面前时，福特竟然不屑一顾地说：

"'T'型车不需要改进，快把这个方案扔到一边去。"

1月26日，血气方刚的坎茨勒终于忍不住了，他给福特写了一份有关"T"型车的备忘录。在这份宣战书中，坎茨勒一针见血地指出：

"你大概没有意识到，当你说话的时候，大多数人不愿意说出自己的心里话……在过去几年中，我们没有向前迈开步子，只是守着原来的一点东西，而竞争却更加激烈了。我们的处境非常不妙，公司的地位正在削弱，公司的市场正在被悄悄夺走……从前那种昂扬、自信、开拓的精神正在减少。

我们大家都很清楚，在英国我们失败了，在美国也正在被我们的对手赶上，我们的竞争对手每多售出一辆汽车，他们就变得越强大，我们则变得更弱小。福特先生，我完全知道，是你以不知疲倦的战斗和苦心经营创立了整个公司，但一味地自大和停滞不前必定会招致事业的失败……"

坎茨勒的这份报告送上去后，犹如石沉大海，没有收到任何回应。从表面上看，福特似乎也没有作任何表示，但实际上，福特已在暗中准备对付坎茨勒了。

1926年8月，酷爱艺术的埃德塞夫妇前往欧洲选购艺术品去了。福特立即抓住这一有利时机，宣布解雇坎茨勒。

回到底特律后，悲伤不已的埃德塞立即去见坎茨勒，坎茨勒安慰他的朋友说：

"我知道，我唯一的错误就是说了你应该说的话。不过，你不要再为我的事情去和福特先生争执了，这次是我自愿辞职的。"

埃莉诺深知坎茨勒在福特公司的作用有多大，尤其是对她的丈夫而言。一天周末，埃莉诺亲自来到"光明巷"，流着眼泪祈求福特，请他恢复坎茨勒的职务。然而，无论她怎么哀求，福特始终没有同意。

埃德塞绝望地对妻子说：

"你什么也不用做了，一切都是徒劳的。要彻底解决这个问题，除非是通过死亡。"

坎茨勒走了，埃德塞向父亲统治下的专制王国发起的挑战彻底失败了。为了保住这家以福特家族的姓氏命名的公司，埃德塞仍然坚持不懈地利用一切机会说服父亲，希望他能像当年艰苦创业时那样，领导公司进行必要的变革，重振福特汽车王国。

其实，此时即便埃德塞不劝福特，他也会进行改革的，因为事实已经证明，不改革的结果只有失败。坎茨勒离开公司后不久，福特就宣布：公司要在全国范围内发动一次全面性的广告攻势，而且要采取一些"改革措施"。

这些措施包括：全面翻新"T"型车，改革发动机，增加新座饰和车身的油漆颜色……

半年多之后，福特发现他的这些所谓的"改革措施"根本无济于事。1927年5月24日，福特不得不悲壮地宣布：停止"T"型车的生产，开发一种全新的车型。

两天后，福特汽车公司的最后一批"T"型车开出了生产线，其中包括公司生产的第1500万辆"T"型车。当埃德塞驾驶着最后一辆"T"型车载着父亲缓缓开出"水晶宫"时，工人们放下手中的工作，悄悄地围了上来，悲哀地看着"它"渐行渐远。

就这样，"T"型车在统治了廉价汽车市场近20年后，悲壮地结束它的辉煌时代。

（三）

很多人认为，"T"型车时代的结束对福特来说是一次沉重、乃至致命的打击，但谁也没想到，这位倔强的老人不但没有被击倒，反而在逆境中重新燃起了斗志，又像年轻时一样，充满激情地投入到紧张的新车研发工作当中。

福特把埃德塞叫到自己的办公室，吩咐他全权负责新车的车身式样、内部装饰和仪表格局设计。埃德塞问道：

"发动机由谁负责？"

这位64岁的老人坚定地回答说：

"我！"

过了一会儿，福特又朗声道：

"埃德塞，我准备把新车命名为'A'型车！"

聪明的埃德塞一下子就明白了父亲的意思：福特是想以这种新车作为一个新的起点，实现福特汽车公司的再一次腾飞。看着两鬓斑白的父亲，埃德塞什么也没说，而是不顾自己多病的身体，一心扑在工作上。

从1927年开始，福特汽车公司进行了一场前所未有的机器大改装。不能不承认，脾气火爆的索伦森在工作上是极其负责的。在那段时间里，他吃住都在工厂，以近乎疯狂的状态英勇奋战数月。他一头精干的短发也因为长时间没有修剪而长及肩膀。

1927年10月21日，福特汽车公司的新一代"A"型车终于诞生了。以亨利·福特为首的这些美国汽车界精英设计的这辆"A"型车可以称得上是当时美国汽车业的巅峰之作。无论是车身设计，还是发动机和其他零部件，这辆车都达到了前所未有的成功。

看着这辆凝聚了众人心血的新生儿，埃德塞望着父亲，兴奋地说：

"我准备了4种不同的颜色来打扮这个宝贝。另外，还有17种车体式样供买主选择。"

福特望着埃德塞，张了张嘴，似乎想说什么，但却没说出来。父子俩对视了片刻，然后无言地拥抱在一起。

福特喃喃地说：

"我们又成功了！孩子们，我相信'A'型车的推出会在全国掀起一场新的汽车销售浪潮。不过，我认为大家目前最需要的是回家痛痛快快地睡一觉！"

众人欢呼着告别出门，埃德塞走在最后。福特叫住儿子，关切地说：

"埃德塞，你干得出色极了，可你的气色真的不好。这些日子太疲惫了，快回去好好休息吧。"

多年来，这似乎是福特首次关注埃德塞的健康问题。埃德塞十分感动，他动情地说：

"好的，父亲，您也要好好休息。"

目送着儿子的身影，福特满意地点点头：

"我的儿子已经真正成材了。他是一个真正的汽车专家，完全明白汽车外观的设计。"

为了充分利用公众的好奇心，给"A"型车蒙上一层神秘的色彩，创造出更好的宣传效果，埃德塞对新车采取了严格的保密措施。公众的热情果然被调动起来，许多人都推迟了自己购车计划，把货币储存起来，等待福特公司"A"型车的上市。大家都相信，福特不会让他们失望的。据《纽约时报》统计，全国有50万消费者在没有见过"A"型车的样车、甚至不知道新车定价的情况下，就交纳了订金预订新车。

1927年11月底，"A"型车终于在消费者的期待下上市了。这种性能优越的汽车只定价495美元，比雪佛兰汽车足足便宜了100美元。福特公司还宣布：为了表示对社会公众拥戴福特汽车的感谢，凡是购买"A"型车的工人和普通市民都可以享受分两次付款的优厚待遇。结果在不到一个月的时间里，福特汽车经销商就接到了500多万张预订单。

新的"A"型车又像当年的"T"型车一样，获得了巨大的成功。1928年，福特汽车公司的"A"型车年产量仅为633594辆，仓库里竟然一辆库存都没有。1929年，福特汽车公司各种型号的汽车销售量达到了惊人的1851万辆汽车，占当年美国汽车销售总数量的34%，重新坐到了汽车行业龙头老大的位子。

但是，在"A"型车取得成功的同时，工人们的生活却出现了极大的变化。由于"水晶宫"的"T"型车生产线关闭，约有6万多名工人失去职业。全美国的商人、专业技术人员、提供原材料的厂商也都不同程度地被卷入进来。福特公司的停产改造对这些人的打击是灾难性的，街上到处都是失业的福特工人，整个底特律陷入空前的萧条。

第十七章　重用贝内特

　　我会锻炼我的身体。我能站着的时候，我决不坐着；我能坐着的时候，我决不躺着。

——亨利·福特

（一）

　　1941年12月7日，日本偷袭了美国设在珍珠港的海军基地，将世界上最大的工业国家卷入规模空前的第二次世界大战。根据埃德塞的建议，亨利二世和本森都申请加入了美国军队，以避免当年因逃避兵役而给埃德塞带来的耻辱。

　　为了应对规模浩大的战争，美国的工业生产立即转入战时轨道，福特公司也接到了大量的军事订货。忙于军工生产的埃德塞因劳累过度，健康状况急剧恶化。1942年1月，他做了胃部分切除手术。但医生在给他做手术时发现，他胃部的癌细胞已经扩散了。也就是说，埃德塞留在人世的时间已经不多了。

　　手术后，埃德塞照常喝着产自福特农场的鲜牛奶。从埃德塞年轻时起，福特就一直给儿子喝这种未经杀菌处理的鲜牛奶。固执的福特认为，杀菌工艺会破坏牛奶的香味，结果刚做过手术的埃德塞因为饮用未经杀菌的牛奶而受到细菌感染，全身忽冷忽热，四肢关节疼痛……

由于当时的医疗技术有限，再加上美国正处在战争中，埃德塞没有把自己的病放在心上，一直硬撑着。直到1943年4月，他还顽强地在自己的岗位上工作，看着一架架轰炸机离开生产线。

令人诧异的是，福特似乎对儿子的病情熟视无睹。他很少去看望儿子，甚至对索伦森说：

"瞧我这么大的年纪，不是也活得好好的？所以说，埃德塞的病就是源于他那不健康的生活习惯。只要他正常地过日子，保证什么事都没有。"

1943年5月，在家中休息的埃德塞突然晕倒。医生们在为他检查后，决定为他再进行一次胃部手术。在切开刀口之后，医生们都惊呆了：癌细胞已经扩散到埃德塞的全身。这下福特坐不住了，他立即命令贝内特开车将他送到儿子家中。

看到面色苍白、骨瘦如柴的埃德塞安静地躺在病床上，老福特再也受不了了。他像疯一样，把所能找到的酒瓶全部砸得粉碎，一边砸还一边流着眼泪喊道：

"就是这些东西害了我的儿子！"

老福特的话不无道理。福特一生不喝酒，也讨厌看见别人喝酒，但他的儿子埃德塞却经常喝几杯。福特曾经带着贝内特将埃德塞的酒窖砸得粉碎，但依然没能阻止儿子饮酒。可以说，埃德塞的健康在很大程度上确实是由不健康的生活方式引起的。当然，福特也难辞其咎，因为他人为地给儿子制造了巨大的精神压力！

从此以后，福特再也没有勇气去看望儿子了，这位80岁的老人经受不起这样的打击。他每天都在住所附近的树林里绝望地走来走去，而克拉拉则坐在家里终日以泪洗面。5月26日下午1点10分，49岁的埃德塞离开了人世。

两天后，埃德塞的葬礼隆重举行。根据埃莉诺的请求，他的遗体被安葬在底特律城的伍德劳德公墓，而不是迪尔伯恩故乡。或许，这是她对福特的一种无声的抗议吧。静静地躺在这座公墓里的，还有库兹恩斯和著名的道奇兄弟等汽车行业的传奇人物。

在儿子的葬礼上，老福特面无表情，像一座雕像似地坐在那里，仿佛对周围的一切都视而不见，只有泪水不停地涌出他的眼眶。克拉拉则拥抱着埃莉诺，两人一起失声痛哭。

埃德塞去世之后，时任美国总统的罗斯福立即叫来战时生产管理局局长威廉·努森商议对策。因为埃德塞的去世使福特公司出现了权力真空，很有可能导致战时生产出现混乱。这两个人都与福特王国有着千丝万缕的联系。罗斯福曾是埃德塞的老朋友，威廉·努森曾经在福特汽车公司工作多年，后来被福特赶出公司。

对福特公司抱有敌视态度的努森建议总统根据战时紧急状态的有关法律规定摆脱福特家族，由政府出面直接管理福特公司，但罗斯福没有同意这一方案，而是建议找一个福特家族的人来接管福特公司。

1943年8月，海军部长弗兰克·诺克斯颁发命令：授予小亨利·福特第二海军少尉荣誉证书的委任状，责成他退出现役，返回底特律。海军部长的这一行动清楚地表明了罗斯福总统和美国政府的态度，即希望由亨利二世接管福特王国。

（二）

埃德塞去世后不久，福特家族内部便爆发了激烈的争吵。年轻气盛的本森当场指责祖父和贝内特的打击是导致埃德塞的健康恶化的根本原因。福特似乎想为自己辩护，但终于什么也没说出来。随即，本森当场宣布：同他的祖父断绝关系。

年仅25岁的亨利二世要比弟弟成熟稳重得多。他知道，凭借他们现在的实力还不足以击溃贝内特，除非得到祖父的支持。然而，80岁的老福特雄心再起，准备从幕后走上前台，他无论如何都不会支持亨利二世的。

1943年6月，福特公司召开董事会，以决定新的人事安排。作为公司的新任董事，亨利二世和母亲埃莉诺也参加了会议。但同样拥有公司股份的本森却拒绝出席董事会，因为他不愿和贝内特坐在同一张桌子上。老福特在会上强行将贝内特拉入董事会，而他自己则又一次登上了总裁的宝座。

老福特虽然重新掌控了公司的最高权力，但几乎所有的人都看得出来，他的精力和体力已经无法再胜任这项工作了。贝内特也在背后加紧活动，企图趁老福特在世时夺取公司的最高权力。几乎所有人都认为，贝内特篡位成功是迟早的事，不仅因为他的背后站着糊涂的老福特，还因为他的对手实力实在太弱小了。

很快，贝内特便发起了一场大清洗运动。第一个受害者就是埃德塞的忠实部下，当时美国汽车最优秀的发动机设计和制造专家谢尔德里克。他于1943年10月在落寞中悄然离开了福特公司。

3个月后，福特又任命贝内特为索伦森的生产管理助手。为公司工作了35年的索伦森明白，福特此举实际上是让贝内特夺取自己的权力。一天，索伦森悲壮地来到福特的办公室，大声说道：

"在这种情况下，我想我是否应该去佛罗里达休息一下？"

索伦森紧盯着老福特，很明显，他是让老国王在他和贝内特之间作一个选择。福特抬起头来，看了索伦森一眼，然后耸了耸肩，报之以沉默。索伦森二话不说，扭头走出了房间。

第二天，福特的办公桌上便放了一封辞职信，那是索伦森送来的。

索伦森临走之前，福特和他握了握手，缓缓说道：

"除了工作之外，去享受生活也是可取的。"

此后，早已形同虚设的公司办公室主任莱布尔也离开了，曾经竭力支持埃德塞的一些职员也相继离开了。但仍有一部分人留了下来，因为他们看到福特家族的另一个巨人已悄然站了起来，这个巨人就是福特的长孙——亨利二世。

当贝内特忙着排挤对手时，亨利二世在祖母克拉拉的暗中帮助下开始四处奔波，寻找帮手。贝内特的死敌，埃德塞当年最得力的助手，公司前任销售经理约翰·戴维斯第一个加入亨利二世的阵营。另一个加入亨利二世阵营的人是米德·布里克，他原来是索伦森的生产助手。亨利二世的第三员大将恰恰是一个与贝内特针尖对麦芒的强悍的人，此人名叫约翰·布加斯，是联邦调查局底特律站的前任主任。

在亨利二世羽翼逐渐丰满之时，克拉拉也向孙子伸出了无私的援助之手。1944年10月，福特在克拉拉的压力下，不得不任命亨利二世为执行副总裁，使他在名义上超过了贝内特。

在这样一个紧要关头，贝内特更加加快了夺权的步伐。他装模作样地向福特指出，埃德塞的老朋友坎茨勒很可能会在福特去世之后利用孩子们的无知夺取福特公司的控制权，糊涂的福特竟然相信了贝内特的鬼话，并在他的鼓动下起草了一份类似于遗嘱附录似的东西。

福特和贝内特开列了一张名单，授予名单上的人作为公司董事会指定的监控团，以便在福特去世后的10年内控制公司的最高权力，直到福特的孙子们"能够老练成熟到可以接班为止"。这实际上是贝内特处心积虑安排的一个阴谋，因为这个监控团的领袖便是他自己。然而，糊涂的福特竟然没有识破这一点，他竟天真地相信贝内特在将来会把福特王国的权力交给最小的孙子比尔，而不是他深恶痛绝的亨利

155

二世和本森。

（三）

　　贝内特的行为终于引起了福特家族中除老福特之外所有人的公愤。亨利二世的得力干将布加斯向贝内特发起了攻击，并轻而易举地迫使贝内特烧毁了福特遗嘱的副本。克拉拉和埃莉诺也向老福特发起了攻势。1945年春，正当第二次世界大战接近尾声之时，克拉拉和埃莉诺合伙演出了一场"逼宫"的好戏。

　　克拉拉和埃莉诺轮番警告福特，如果他不承认亨利二世应有的地位，那么整个福特家族将会面临崩溃的局面。埃莉诺在关键时刻还使出了杀手锏，她威胁福特说，如果亨利二世不能立刻接替公司总裁的位置，她就把从埃德塞那里继承的股份全部公开出售。

　　这下福特开始慌了。当年，他和埃德塞好不容易才将公司的股份全部控制在家族手中。如果埃莉诺公开出售她持有的股份的话，他们当初的努力就会全部付诸东流。福特终于失去了斗志，他缓缓地对儿媳说：

　　"让我好好想想，让我好好考虑一下。"

　　1945年9月20日，福特终于在众叛亲离的情况下宣布毫无保留地将权力交给亨利二世。这时，第二次世界大战刚刚结束一个月，世界人民刚刚开始新生活。而对福特公司来说，亨利二世的上台也将开创一个崭新的时代。

　　交出权力之后，福特再也不管外面的是是非非了。当然，贝内特在失去老福特的保护后，也无法继续在福特公司立足了。9月21日下午，人们看见布加斯把自己心爱的三八手枪插在腰带上，大摇大摆走进贝内特的办公室。几分钟后，他又神态自若地走了出来。半个小时后，从贝内特的办公室里冒出一股浓烟，大家都猜得出来，这是贝内特在烧自己的文件。完成这些工作后，贝内特一脸疲倦地走了出来，坐进自己的汽车，从此再也没有回到福特公司。

随着贝内特的离去，老福特也迎来了他生命的终点。1947年4月6日，福特夫妇完成了一场为期数月的旅行，乘坐"费厄林"号专列返回"光明巷"。克拉拉的心情非常沉重，因为她敏感地发现，福特虽然没什么病症，但已经到了油尽灯枯的地步。他经常忘记自己所处的环境，有时竟以为自己不是在飞驰的火车上，而是在"光明巷"的家中。

4月7日清晨，当福特正和大家议论整个密歇根州开春以来恶劣的气候时，"光明巷"福特发电厂的负责人、工程师约翰·麦金泰尔突然气喘吁吁地跑来报告：鲁日河水位猛涨，电站的发电机已被洪水淹没，"光明巷"的电力供应中断了。

说着，麦金泰尔恳求说：

"我请求福特先生一家先暂时搬到迪尔伯恩的旅馆去住，那里的电力供应还很正常。"

福特摆了摆手，吃力地说：

"没有关系，没有关系，我们有壁炉，把火生起来就行了，取暖和做饭不是都可以解决了吗？"

早餐过后，福特精神矍铄地找来司机兰金，让他的邻居和原先的保镖戴林格跟他一起去各处看看洪水的情况。当他们看完洪水准备返回"光明巷"时，福特突然对司机说：

"兰金，把车拐个弯，我想去家族的墓地看看。"

在格林菲尔德路的福特家族墓地，汽车停了下来。福特想从车中走出去，戴林格制止了他，并指了指车外泥泞的道路和仍在下雨的天空。福特怔了怔，只好静静地坐在车里向外望着。过了好一会儿，他才喃喃地说：

"我们回去吧！"

回到"光明巷"后，福特先到发电站去看了那些正在紧张地抢修发电设备的工人们，然后回到家中，并对女仆说：

"先给我一杯热牛奶吧，今天晚上我可要早点睡觉。"

喝完牛奶，福特便上床睡觉去了。午夜时分，女仆突然被急促的敲门声惊醒。她开门一看，原来是克拉拉。克拉拉焦急万分地说：

"福特先生可能病得很厉害。"

女仆赶紧和克拉拉一起来到福特的房间，只见他平躺在床上，两眼半睁半闭，处于半昏迷状态。福特用手指了指床头的蜡烛，示意妻子吹灭它，他大概是觉得烛光太刺眼了。

由于洪水的原因，"光明巷"的电话线路出了问题，女仆只好找来司机兰金，让他去请医生并通知戴林格夫妇。但医生还没有到，84岁的老福特便在妻子的怀中永远地闭上了眼睛。

汽车大王的离世震惊了世界，美国总统杜鲁门、英国前首相丘吉尔、苏联领袖斯大林等著名政治家都纷纷打来电话，向克拉拉表示哀悼之情，并热情赞扬了福特对人类做出的巨大贡献。

一代汽车大王去世了，他留给世人的不光是一个庞大的福特王国，还有无尽的争议。一位著名评论家曾中肯地评论福特说：

"亨利·福特终生致力于机械制造，他不以金钱自娱，更不会强取豪夺，他用自己的发明和创造贡献于人民，制造了人民买得起的大众型汽车，给人们带来了无比的欢乐。如果你不是犹太人，没有挨过福特打手们的拳头，不是埃德塞·福特的亲朋好友，那么你就会喜欢亨利·福特、崇敬亨利·福特！"

第十八章　悄然离世

　　一个公司只有在它的追求与社会的追求一致时，即公司生存的根本是惠于顾客、惠于员工、惠于社会，它才能永远兴旺。

——亨利·福特

（一）

　　1929年10月，一场席卷整个资本主义世界的经济危机爆发了。华尔街股票市场一片混乱，失业人口持续增多，民众的消费能力急剧下降。大萧条一直持续了3年多，摧毁了无数的企业和家庭。埃德塞也在这场危机中遭受到了巨大的损失。埃莉诺劝说丈夫向福特求助，但倔强的埃德塞却选择了独自承受。

　　其实，福特早已知道在儿子身上所发生的一切了。后来，他虽然替埃德塞还清了债务，但对儿子的表现十分不满，且认为这是由于他自幼缺乏竞争对手而形成的懦弱性格导致的。为了增强埃德塞的竞争意识，福特竟然鬼使神差地将鲁日工厂的卫队长兼他的贴身保镖哈里·贝内特推到了福特公司的前台。

　　与埃德塞同岁的贝内特出生于一个贫穷的家庭，自幼丧父，由母亲独力抚养长大。后来，他的母亲改嫁给密歇根大学的一位工程学教授。成年后的贝内特一直向人强调，自己的少年时代是在美国著名的大学城度过的，从小崇拜体育明星。

1909年，16岁的贝内特离家出走，并参加美国海军。军旅生涯给了贝内特强壮的体魄，也进一步增强了他对暴力的崇尚。

在军队这部庞大的军事机器中，一向崇尚武力的贝内特如鱼得水，身上的潜力充分发挥出来。在业余时间里，身材矮小的贝内特还参加了舰队的拳击队，成为公认的拳击高手。耐人寻味的是，他在美国直接介入第一次世界大战不久之后便接到了退役通知。

就这样，贝内特于1917年来到福特汽车公司。贝内特很注意在工人当中树立自己的威信，因为他认为只有这样才能引起老板的注意，才能有向上攀升的机会。很快，语言幽默、性情开朗、举止粗暴、精于拳击的贝内特就成了鲁日工厂小有名气的人物，人称"水手里斯"。

1918年的一天，有人向当时负责监造军事订货生产线的威廉·努森汇报说，有守卫监守自盗，倒卖公司的建筑材料。努森一听，立即火冒三丈地吼道：

"去给我找一个精明能干的人来，得找一个既冷酷无情、又能镇得住那些家伙的人，我要让他来管理整个鲁日工厂的守卫。"

第二天，贝内特来到了努森的办公室。努森看了看身材矮小的贝内特，心里不由有些不满。正当他在考虑是否让贝内特来担负新任务时，福特来鲁日工厂视察。努森便带着众人陪同老板在厂里转悠，贝内特也跟在后面。

当一行人来到堆积着钢材的平地上时，发现一群工人正围在一起吵吵嚷嚷。福特等人走上前去，挤开人群，才发现一个身高体壮的大汉正趾高气扬地站在那里搓着自己的双手，一名工人已经被他打倒在地，鼻孔里还流着鲜血。

很显然，趾高气扬的大汉是从厂外溜进来的肇事者。福特非常气愤，怒声问道：

"难道这里没有一个人敢出来揍他吗？难道你们都是懦夫吗？"

工人们你看看我，我看看你，没人敢轻举妄动。就在这时，一直站在福特身后的贝内特站了出来，跳到比他高一头的大汉面前。那名大汉甚至没有看清贝内特的面貌，就被身手敏捷的贝内特打倒在地。

工人们齐声叫好，福特也像个孩子似的，高声笑了起来。他用力拍了拍贝内特的肩膀，高声问：

"好小伙子，你叫什么名字？"

贝内特挺了挺胸脯，中气十足地回答说：

"贝内特，哈里·贝内特。"

福特打量了一下贝内特，突然转身对努森说：

"刚才你不是说鲁日厂的卫队缺一个头头吗？为什么不让这个小伙子来试试？"

努森赶紧回答说：

"刚才您来的时候，我正和他谈这件事。"

福特点了点头，缓缓说道：

"很好，我看这事就这么定下来吧。"

就这样，贝内特成了鲁日工厂的卫队长。从此，贝内特的人生也发生了巨大的变化，因为他给福特留下了深刻的印象。以后福特每次到鲁日工厂来视察，他都紧跟在后面，千方百计地讨老板的欢心。

（二）

贝内特是一个十分聪明而又善于见风使舵的人。当索伦森在鲁日厂大权独揽时，贝内特就成了索伦森的忠实跟班。有一次，索伦森在办公室导向窗外望，刚好发现一名工人在路上偷懒闲逛，便对贝内特说：

"解雇他。"

过了一会儿，贝内特来见索伦森，兴高采烈地汇报说：

"我把刚才走在那条路上的所有的人都炒掉了。"

索伦森一听，立即眉开眼笑地说：

"干得好！"

贝内特原本就给福特留下了深刻的印象，再加上索伦森的大力推荐，贝内特很快便在福特的扶植下成为福特公司内务部的大头目。除了工厂原有的守卫外，这位崇尚暴力的退伍军人还雇佣了大量膀大腰圆的打手、出名的恶棍、退役的军人、运动员和水手等，并为他们配备了包括机关枪在内的武器。

当福特躲在"光明巷"深入简出之时，贝内特甚至成了福特的座上客。有一次，福特好奇地问：

"哈里，怎么你从来都是只系蝴蝶结，不系领带呢？"

贝内特笑了笑说：

"系领带很不方便，一旦和别人动起手来，容易被对手抓住领带造成被动。"

福特笑着说：

"原来如此！"

从此之后，福特便经常将贝内特挂在嘴边，称赞他是一个从西部影片中走出来的英雄。而贝内特也十分善于揣摩福特的心思，时时投其所好，逐步巩固自己的地位。久而久之，福特便与贝内特结下了友谊，以至于福特从内心里把他当成了自己的另一个儿子。因为他从这个小个子年轻人的身上看到了埃德塞身上缺乏的，甚至连自己身上也不具备的一种精神———一种野蛮的霸气。

贝内特的步步高升不但让埃德塞感到了威胁，甚至连大权在握的索伦森也不安起来。在福特公司的一次酒会上，一身西部牛仔打扮的贝内特突然站在舞台上，唱起了一首伤感的流行歌曲，再次大出风头。一向与埃德塞不和的索伦森悄然来到埃德塞的面前，不无担心地说：

"贝内特现在已经成了福特先生身边的红人了。"

埃德塞惊讶地看了看索伦森，发现对方不是在说笑，便言不由衷地回答说：

"没关系，贝内特在复杂的汽车技术面前简直就是一个门外汉。我想，他不会有什么野心的。能作为公司的一名传奇人物，我看他已经够满足了。"

索伦森叹了口气，轻轻摇了摇头，低声说道：

"这样最好，我就怕将来他膨胀起来时，再采取行动就晚了。"

索伦森的担心不无道理。随着席卷资本主义世界的经济危机全面爆发，美国的社会治安状况也变得混乱起来。为了家人和自己的安全，福特不得不更加倚重贝内特了。有一次，有人写信威胁埃德塞，宣称如果他不交出一大笔钱，就要杀掉他的孩子。贝内特知道后，立即将计就计，设下一个圈套。他派人装扮成埃德塞，开着汽车去把钱送到罪犯指定的位置。当罪犯想取走这笔钱时，贝内特突然从边上冲出来抓住了他，先是暴打一顿，然后又把他交给了警察局。

还有一次，福特的长孙亨利二世在学校受到一名无赖的敲诈勒索，性格强硬的亨利二世悄悄把这一消息告诉了贝内特。结果没有几天，就有人在一条河上发现了那名无赖的尸体。

自从出了这一系列事件之后，福特和埃德塞便加强了安全防范措施。每次外出，他们的保镖都会全副武装，带着手枪、机关枪等武器。"光明巷"和埃德塞的别墅周围也都布置了24小时的安全岗哨。福特还为孙子和孙女安排了贴身保镖。在贝内特的建议下，福特甚至与美国黑社会建立了联系，以便防患于未然。

（三）

由于贝内特心狠手辣，手段残暴，以致整个底特律都无人敢撄其锋芒。到1937年时，他更是在福特的直接支持下击溃了莱布尔、索伦森，乃至福特王国的唯一合法继承人埃德塞，成为整个公司仅次于亨利·福特的重要人物。由此，贝内特的权力欲更加极度膨胀，开始觊觎福特王国公司最高权力了。

对福特王国的继承人来说，击溃贝内特已经成了当务之急。其实，福特树立贝内特这个强有力的竞争对手，就是为了让埃德塞击败他。然而，埃德塞击溃贝内特的可能性已经很小了，因为他的身体在20世纪30年代之后已经一日不如一日。但他的孩子们已经渐渐长大，可以到福特公司参加工作了。1940年9月，埃德塞的长子亨利二世和次子本森正式进入福特汽车公司，开始在鲁日工厂上班。

埃德塞非常高兴，因为亨利二世和本森加入福特公司的行列就意味着他们已经在做接班的准备了。他悄悄地对妻子埃莉诺说：

"在我这一代，由于种种原因，父亲根本没有把权力交给我，可无论怎么说，这种局面在亨利和本森这一代人身上不会再重演。"

面对渐渐长大的孙子们，77岁的福特心情极其复杂。虽然他已经明显感到精力和体力的衰退，但他在内心里却依然不愿放弃自己手中的权力。他每天都让贝内特向他汇报两个孩子的工作情况，然后一个人坐在椅子上发愣。

有一天，福特突然到鲁日工厂去看望自己的孙子们。当他发现亨利二世和本森在一名黑人的手下工作时，一股无名火顿时从胸中燃起。老福特强忍着怒火，悄然来到位于"水晶宫"的办公室。刚一关上门，他便怒不可遏地吼道：

"是谁安排那个黑人做孩子们的监工的？"

贝内特赶紧汇报说：

"是谢尔德里克。"

谢尔德里克是鲁日工厂最出色的工程师之一，曾协助福特研发了新"A"型车的发动机。专制的老福特立即命人把谢尔德里克找来，把他骂了个狗血喷头。当时，亨利二世和本森已经对汽车组装等环节有所了解，所以谢尔德里克回到工厂，马上把兄弟二人安排到福特公司为美国军队设计并生产的新型吉普车的总装车间，主要从事这种新车的装配和检验工作。

在福特公司为这种新型吉普车举行的试车典礼上，谢尔德里克特意安排亨利二世和本森作为新型车的试车员。当埃德塞看见自己的两个孩子驾驶着新车一边挥手一边向自己驶来时，眼泪夺眶而出，而老福特的眼睛里却充满了敌意。

亨利二世和本森的到来也让贝内特感到了威胁。他知道，他攫取公司最高权力的唯一机会就是趁老福特在世时挤垮其他的对手。所以，他天天向老福特进馋言，离间他们的祖孙关系，顺便也在背后多捅埃德塞和索伦森几刀。

不愿放弃权力的福特像一个垂死的老国王一样，既怨天，又忧人。他竟然相信了贝内特的鬼话，再也不去看望自己的孙子们了。后来，他干脆打电话通知埃德塞和索伦森：亨利二世和本森可以继续在工厂的工资单上挂名，但必须安排到其他的分厂去，"甚至是加利福尼亚，总之必须让他们远离我的视线"。

埃德塞绝望了，脾气暴躁的索伦森也惊讶得合不拢嘴。对福特和公司忠心耿耿的索伦森立刻驱车来到高地工厂，径直走进老福特的办公室，开门见山地对福特说：

"我反对你对亨利二世和本森的安排，而我也拒绝这样做，所以希望你也打消这个念头。如果你强迫我这样做，那么我将彻底和你断绝关系，我要说的就是这些。"

说完，索伦森头也不回地离开了福特的办公室。福特望着索伦森的背影，惊愕地半天说不出一句话来。他不能再赶走索伦森了，因为整个工厂根本没人能取代索伦森的位置。现在，通用汽车公司人才济济，正在向福特王国发起挑战。后来，这件事终于不了了之。

亨利二世很快发现了祖父在对他的父亲进行折磨并打击自己的各种

阴谋，他不明白福特为什么这样做，便跑去问他的母亲埃莉诺。为了顾全大局，维持整个家族的团结，埃莉诺没有对孩子多说什么，可亨利二世还是从公司其他人的口中渐渐了解到一些真相，包括福特、爱德塞和贝内特三人之间的许多事情。

亨利·福特生平及大事年表

1863年7月30日　亨利·福特出生在美国底特律的迪波恩村，父亲是一名爱尔兰移民。

1869年　5岁的福特被送到苏格兰殖民地学校读书。

1875年　母亲玛丽去世。

1876年　第一次随父亲去底特律，见到"不用马拉的"蒸汽车，大开眼界。

1879年　离开家乡，独自前往底特律闯荡。

1880年　在底特律开始学徒生活。

1882年　在底特律闯荡两年多后回到家乡迪尔伯恩。

1888年　与格林菲尔德区一个富有的农场主之女克拉拉·简·布莱恩结婚。

1891年　迁居底特律，在爱迪生电灯公司底特律分公司任职。

1893年　独生子埃德塞·福特出生。年底，第一台汽油引擎试制成功。

1896年　试制成功第一辆汽车——"一号车"。

1897年　见到世界著名发明家爱迪生。

1898年　研制的"二号车"亮相。

1899年　成立底特律汽车公司，任技术总监，同时辞去爱迪生电灯公司职务。

1900年　底特律汽车公司解散。

1901年　试制赛车，在比赛中获胜。11月，成立亨利·福特汽车公司，任总工程师。

1902年　辞去亨利·福特汽车公司职务。制造"999"赛车，并在比赛中获胜。

1903年　与麦肯森合作，成立福特——麦肯森合营公司。"A"型车上市。

1904年 与麦肯森产生纠纷。

1906年 成立福特汽车零件公司，担任福特公司董事长。N型车投产。

1908年 推出第一辆"T"型车。在法国巴黎建立了第一个海外销售机构。

1909年 美国有照汽车制造商协会向纽约法院提起诉讼，认为亨利·福特侵犯了他们的"色尔登专利"。

1911年 在北美以外的第一家工厂在英格兰罗彻斯特落成。

1913年 创立汽车装配流水线。在海兰园设立第一条总装线，几乎使装配速度提高8倍。

1914年 福特公司实行5美元工作日制。

1915年 在第一次世界大战期间，福特发表发展演说，号召大家慷慨解囊，建立反战基金。成立了专门开发生产农用拖拉机的"福特父子公司"。

1916年 独生子埃德塞与埃莉诺结婚。

1917年 福特家族的第三代——小亨利·福特，即亨利二世出生。

1918年 开始建设庞大的汽车制造联合企业——荣格工厂。

1919年 埃德塞·福特接替亨利·福特任公司总裁。

1920年 红河工厂首期工程完成。爆发全球经济危机。

1922年 收购林肯品牌。

1925年 日本公司成立。

1927年 停止生产"T"型车，同年开始在荣格工厂生产"A"型车。

1932年 成为历史上第一家成功铸造出整体V8发动机缸体的公司。福特公司第一次发生大规模工潮。

1935年 开创了水星品牌，填补了福特产品和高档林肯产品间的市场空缺。

1940年 亨利二世和弟弟本森正式进入福特汽车公司，开始在鲁日工厂上班。

1943年 独生子埃德塞·福特去世，年仅49岁。亨利·福特重新担任福特汽车公司总裁。

1945年 福特辞去董事长职务，由亨利二世继任。

1947年4月7日，亨利·福特去世，享年83岁。